日韓の歴史問題をどう読み解くか

徴用工・日本軍「慰安婦」・植民地支配

内海愛子
川上詩朗
吉澤文寿
太田 修
加藤圭木
殿平善彦
本庄十喜
愼 蒼宇
佐藤広美
加藤直樹
原田敬一

新日本出版社

被害者は忘れない──「嫌韓」から解き放たれるために

「どちらかといえば嫌韓かなぁ」

電話の向こうからそんな言葉が聞こえてきた。韓国ドラマも見ている四〇代の教員──専門外の日韓関係に特別、関心があるわけではないが、「何となく、嫌韓気分になってきた」という。

二〇一八年の韓国の大法院判決後に、マスメディアに溢れた韓国情報、ヘイトスピーチ、週刊誌の中には口を極めて文在寅《ムンジェイン》大統領を批判するだけでなく、「あざ笑う」ような論調すらあった。「韓国は約束を守らないんだから──」というコメンテーターたちの軽い発言もよく聞いた。こうした論調から嫌韓気分に飲み込まれていく。

じわっとひろがる排外主義、差別感情が、ヘイト集団・自警団などの煽動で暴発することを、私たちは歴史の中で体験してきた。関東大震災（一九二三年）の朝鮮人暴動のデマに、当時、小学校の教員をしていた知人は「まさか──」、「もしや──」と揺れ動くなかで、木刀を握ったと話していた。朝鮮人と出会うことがなかったので木刀を振り下ろすことはなかったが──。彼に木刀を握らせたのがこの漠然とした嫌悪と不安だったという。

その時に喧伝された流言飛語、異端たたき、排除は、現在のコロナ禍の中で、新たな対象にも向けられている。

戦後七五年、日本社会に広がる嫌韓感情――本書は、「明治一五〇年」、日本が朝鮮半島を植民地化した「韓国併合」（一九一〇年）から一一〇年の歴史を視野に、日本と韓国の間に何があったのか、その歴史を明らかにし、「嫌韓感情」の底にあるものに光をあて、解き明かしていく。

「明治一五〇年」は「植民地戦争一五〇年」であり、日清戦争は第一次朝鮮戦争、日露戦争は第二次朝鮮戦争ととらえる研究もあるように、日本の近現代史は朝鮮半島への侵略と加害の歴史でもあった。

一九四五年八月に敗戦、この年の一二月八日には東京神田の共立講堂で「戦争犯罪人追及人民大会」（主催：日本共産党など五団体）が開かれ、「天皇ヒロヒトの責任追及」と一〇〇〇人におよぶ戦犯リストが発表された。戦犯追及は連合国の手に委ねられ、四六年五月三日に極東国際軍事裁判（東京裁判）が開廷した。法廷は、一九二八年からの日本の侵略を審理したが、朝鮮、台湾植民地支配は審理から外されていた。その後「平和憲法」を手にしたが、私たちが学んできた民主主義は、未清算の植民地主義をうちに抱えた平和であり民主主義ではなかったのか。

侵略の歴史を曖昧《あいまい》にしたまま、戦後がスタートした。

敗戦から五年、朝鮮戦争がはじまると、アメリカは「対日講和７原則」を発表した。連合国は賠償を放棄して対日平和条約（サンフランシスコ平和条約＝サ条約）に調印した。例外は連合国の元捕虜への個人賠償の支払いである。

この対日平和条約に、大韓民国、朝鮮民主主義人民共和国は参加できなかった。日本政府が反対したのである。中華人民共和国、中華民国もまた招請されなかった。その一方、かつて連合国の植民地で、日本が占領していたフィリピン、インドネシア、セイロン、ベトナム、カンボジアなどは条約に署名している。日本はこれらの「連合国」とは、生産物と役務による経済協力方式で「賠償」を支払っている。サ条約でも朝鮮、台湾支配は清算されなかった。植民地支配の未清算問題を抱えたまま日本は占領を脱して、国際社会へ復帰していった。

サンフランシスコ平和条約の調印後に始まった日韓会談、条約締結までになぜ一四年もの歳月を要したのか。そこには朝鮮侵略の認識をめぐる日韓の葛藤があった。問題をかかえながら締結された条約、これにどのような問題があるのか。その認識の齟齬《そご》が今日の日韓の緊張を生んでいることは本書で詳しく論じられている。

「歴史問題を読み解く」本書は、韓国大法院の「徴用工」判決を機に、噴出した反韓国・朝鮮の論調、メディア報道を分析し、「何となく嫌韓」の問題点を多面的に論じている。

誰の視点から歴史をみて、問題を考えていくのか。本書は、一五〇年の入りくんだ日韓の歴史を各執筆者が、被害者の視点をふまえて読み解いていく。それぞれの論考は、雑誌『前衛』(日本共産党中央委員会)二〇一九年二月号から二〇年一月号までに掲載されたもので、本書への収録に際して大きく三つの章に構成した。関心に応じてどこからでも読めると思う。ぜひ多くの読者に読まれることを願っている。

加害者は消し去ろうとしても、被害者は忘れない――

内海愛子

二〇二〇年六月

〈目　次〉

3　歴史認識をただすために――162

1　徴用工裁判で問われていること

取り残された植民地支配の清算──被害者と向き合うとき

内海愛子（恵泉女学園大学名誉教授）

――二〇一八年一〇月三〇日の新日鐵住金を被告とした裁判の判決に続き、一一月二九日には三菱重工業を被告とした判決が韓国大法院（最高裁）で出され、その後も、地裁、高裁での判決が続いています。まず、一連の裁判についてどう見ますか。

■日本の政府やメディアの反応

今回の大法院の判決は、司法の判断であるにもかかわらず、日本の政府やメディアの異常とも言える感情的な反応に驚きました。「言語道断の『徴用工』判決は『大統領の陰謀』」と書いている週刊誌もあり、思わず買ってしまいました（『週刊新潮』二〇一八年一一月一五日号）。『週刊ポスト』（二〇一八年一一月一六日号）は「朝日新聞さえ『受け入れられない』と書いた韓国　徴用工判決　ここがおかしい」で、同じようなトーンの記事が並びます。

何を書くのも自由であるにしても、私は、こうした記事にぬきがたい朝鮮蔑視《べっし》を感じます。判決でまず確認しておきたいことは、司法の判断であり、政権がそれを受けてどう動くかはまた別の話だということです。

もう一つは、その司法の判断は、民間企業である新日鐵住金と被害者間の問題であるということです。企業が判決に対応すれば、それで話は展開していくというものです。

同じような裁判が、中国人と西松建設との間でありました。三菱重工業も同じような問題が起きています。西松建設の裁判は、二〇〇七年に日本の最高裁が、「日中共同声明がサンフランシスコ平和条約の枠組みの中にあり中国人個人は裁判で損害賠償を求めることは出来ない」（傍点は筆者。以下同様）として、退けています。同じことが、日韓条約でも言えます。

サンフランシスコ平和条約の第一四条が賠償に関する条項ですが、ここでは個人賠償を認めていません。占領、支配されたアジア諸国に対して、日本の生産物と役務による賠償（その後の、日本の経済協力・ＯＤＡの方式と同じです）という枠をはめたのです。そして、それ以外の連合国は賠償を放棄するとされています。このサンフランシスコ講和会議には、中国も、韓国も、招請すらされなかったのです。そのサンフランシスコ平和条約の枠のなかで戦後処理をおこなうというのが、アメリカの戦略であり、日本の政府の政策だったのです。

だから個人賠償はしない、生産物と役務の提供いわゆる経済協力・ＯＤＡ方式で賠償は終わっているとされたのです。

この西松建設の最高裁判決は、訴えを退けていたのですが、次の三つの点を確認しています。
・西松建設による安野発電所への中国人強制連行と強制労働の事実があったこと。
・西松建設による安全配慮義務違反があったこと。
・西松建設の時効の主張は権利乱用であり認められない。
そのうえで、次のように勧告しています。

「(西松建設はいろいろな勤務条件で)中国人労働者らを強制労働に従事させて相応の利益を受け、更に前記の補償金を取得しているなどの諸般の事情にかんがみると、上告人(西松建設)を含む関係者において、本件被害者らの被害の救済に向けた努力をすることが期待されるところである」

この補償金というのは、日本企業が中国人を募集するとき、それ相応の財政の準備をし、計画を立てます。しかし戦争に負けて彼らを「帰国」させた結果、企業は損失を被りました。戦後、その損失について日本政府が企業に補償を約束(一九四五年一二月三〇日閣議決定)している、そのことを指しています。つまり、西松建設は、利益も得て、政府から補償金も受け取っているのだから、被害者を救済しなさいというわけです。その後、二〇〇九年に西松建設は被害者との間で、
＊歴史的事実と歴史的責任を認めて、謝罪すること。
＊その事実に対して和解金を支払うこと。
＊後世への教育のために記念碑を建立し、被害者を招いて追悼の集いを開催すること。
この三点を確認し、和解が成立しています。その後、西松建設は、和解金を払って、被害者を招待し、交流を続けてきたのです。そこに至るまで被害者と会社の間に立って、中国と日本の市民たちが、長い間、地道にしかも粘り強く調査をし、裁判を支える活動をしてきました。

中国との関係では、西松建設、その前には鹿島建設との和解があり、企業と当事者の交渉のなかで、少しずつ動いています。

■捕虜の労務動員と虐待

――今回の元徴用工や女子挺身隊員に限らず、さまざまな形で、日本政府による労務動員がおこなわれ、そこでは、深刻な実態があったと言われていますね。

［連合軍捕虜には賠償が払われた］

戦争中の労務動員は、さまざまな形でおこなわれており、徴用工の問題が単独であるわけではありません。国内でも労務動員がありました（国民の動員についてはまた別に述べる）。戦時総動員体制のなかで、朝鮮人の動員体制がつくられ、中国人の強制連行がある。さらに連合国の捕虜の強制労働もありました。

ＰＯＷ（戦争捕虜）のうち連合国の「白人」捕虜は、東南アジア各地に一二万五三〇九人（一九四二年三月現在）いました。そのうち三万七五六七人が日本に連行されてきましたが、飢餓、病気、苛酷な労働で三五五九人が死亡しています。

捕虜は泰緬《たいめん》鉄道建設や、インドネシア東部のフローレス島やハルク島の飛行場建設などに動員され、日本でも炭鉱や工場で劣悪な条件のもとで強制労働に駆り出され、死亡率が高かったのです。サンフランシスコ平和条約でも、アメリカ、イギリス、オーストラリア、オランダなど各国はこの事実を曖昧《あいまい》にすることはできず、一六条で、「日本国の捕虜であつた間に不当な苦難を被つた連合国軍隊の構成員」への償いの表現として、個人賠償をとりきめています。激しい怒りを抱いている被害者たちが、補償なしでは条約に署名させない、もし署名しても批准をさせない運動をやる恐れがあったからです。一六条により賠償を払った捕虜数は二〇万三五九九人にのぼります。この中にはフィリピン人、パキスタン人などアジア人兵士も含まれています。

これは日本の在外資産を処分して、これらの捕虜に配るという形でおこなわれたのですが、一人あたりにすると、わずかな額にすぎません。その後、村山富市政権のときには、平和友好交流計画がおこなわれています。これは、「我が国の侵略行為や植民地支配などが多くの人々に耐え難い苦しみと悲しみをもたらしたことに対し、深い反省の気持ちに立って」、「我が国は、アジアの近隣諸国等との関係の歴史を直視し」、「戦後五十周年という節目の年を明年に控え、……平和への努力を倍加する必要がある」として、一九九五年から約一〇年にわたっておこなわれた事業ですが、そのなかでも元捕虜との交流が重視されています。外務省や内閣官房の資料をみると、例えば、オーストラリアからは、五九人の元捕虜やその家族、イギリスからは元捕虜や民間人抑留の関係者七八四人、オランダからは四二五人が招待されています。

これらの事業はその後も、規模を縮小したりして継続されており、二〇一一年から一七年の間にオーストラリアからは六一人が招待されています。アメリカ人元捕虜の招待もはじまりました。

また、捕虜への賠償は、一人あたりでは少額だったため、被害者たちは日本で裁判を起こしています。高木喜孝弁護士たちが取り組んだ連合国捕虜・抑留者訴訟は、オランダ（一九九四年）やイギリス（一九九五年）の元捕虜や民間抑留者などが起こした裁判ですが、一九九八年から二〇〇四年にかけて、地裁から最高裁まですべて棄却されています。しかし、それでも、原告の中には「負けてよかった」という言い方をした人もいました。日本側が主張している「捕虜への補償の問題はサンフランシスコ平和条約で終わった」ということを、自国の政府に認めさせ、自国の政府に、個人個人に一定のお金を支払わせる、そのように運動し、支援金、補償金を受け取っています。

二〇一五年に安倍首相が訪米した際、ワシントンで開いた晩餐会《ばんさん》にレスター・テニーさんというフィリピンのバターン半島で捕虜になった人を招待しています。このレスター・テニーさんは、三菱マテリアルがロサンゼルスで元捕虜に謝罪した際にも同席しています。

このように連合国の捕虜については被害当事者との対話、解決の取り組みがすすんできたのです。

[戦犯法廷で裁かれた捕虜虐待]

この捕虜の問題は、アジア・太平洋戦争後の戦争裁判でも重視されていました。BC級戦争犯罪(「通例の戦争犯罪」)を裁いた横浜法廷の裁判は、三三一の事件(うち四件は取り下げ)のうち、八〜九割は捕虜関係の裁判です。一口に日本の戦争犯罪といっても、連合国とくにアメリカ、イギリス、オーストラリア、オランダが重視したのは、「われらの俘虜《ふりよ》を虐待せる者」です。「ポツダム宣言」でも特記されるほどの捕虜の犠牲が出ていたのです。アメリカ、イギリスなどの捕虜は二七%が殺されたと、東京裁判の判決文に書かれています。これに対する賠償を取らないことなどあり得なかったのです。

東条英機元首相が戦犯容疑で逮捕されたのは一九四五年九月一一日ですが、そのときに東京俘虜収容所所長も逮捕されています。軍曹だった飛田時雄もこの時に逮捕されています。かれは、勾留中にスガモプリズンでスケッチをよく描いていたことで知られていますが、スガモには、A級戦犯容疑者と一緒に東京俘虜収容所所長やその職員たちが収容されたのです。そのぐらい捕虜の虐待が重視されていました（ちなみに飛田は、横浜法廷で重労働三〇年の刑を言い渡されています）。

横浜法廷は、東京裁判が始まる前に開廷して、最初（第一号事件）の土屋達雄は、長野県の満島俘虜収容所での捕虜の虐待致死等の罪に問われ、有期刑です。有名なのがそれに続く、福岡俘虜収容所の由利敬大牟田分所長で、三井三池炭鉱に動員されていた捕虜が逃亡し、これを殺害した事件などで、絞首刑になっています。続く福原勲も大牟田俘虜収容所、平手嘉一は函館俘虜収容所での捕虜虐待が問われ、絞首刑になっています。その後も、B29から落下傘降下したアメリカ兵を刺殺した事件の裁判でも絞首刑が言い渡されています。

東京裁判がすすむ一方で、スガモプリズンでは死刑判決が出された戦犯たちの刑が次々に執行されていました。その中心が捕虜虐待だったのです。

そして、戦争裁判で捕虜の問題が大きく裁かれただけでなく、すでに話したようにサンフランシスコ平和条約では、賠償（第一四条）の条文とは別建てで一六条がつくられ捕虜に賠償を支払ったのです。

戦後、とくにオーストラリア……イギリス、オランダもそうですが、捕虜虐待した日本への憎悪は尋常ではありませんでした。昭和天皇が「重体」との報道のときに、イギリスでは、元捕虜たちが「死んだら、墓の上でダンスを踊ってやる」と言ったことが大衆紙に出て、日本大使館が抗議をすると、「それだったら、当時のことを言わせてもらおう」と言われたといいます。もちろんイギリス世論も元捕虜を応援しているということがありました。

オーストラリアもそうです。西春彦氏が一九五三年に最初の在オーストラリア日本大使として赴任したとき、彼がアンザック・デー（第一次世界大戦のガリポリの戦いで勇敢に戦った兵たちと国のために尽力した人々を追悼する日）の行事に出席したら、元捕虜から総スカンだったそうです。永野重雄氏（のちの新日鐵会長）がオーストラリアに鉄鉱石の買い付けに行った時、最初はけんもほろろでしたが、粘り強く交渉して、ようやく買い付けがまとまった。そのあとのレセプションで「なぜこんなに日本に冷たいのだ」と聞くと、「じゃあ、言おう」と、タイとビルマ（ミャンマー）を結ぶ泰緬鉄道の建設に従事した捕虜が、人間扱いされなかった、虐待を受けた話が出たのです。

一九九〇年代前半に首相を務めたポール・キーティングのおじさんは、北ボルネオの「サンダカンのデス・マーチ」で亡くなっています。連合国の元捕虜や遺族にとって、「あんな残酷な日本人（植民地下にあった朝鮮人、台湾人も含まれます）は絶対許さない」という激しい憎悪が、戦後ずっと続いていました。そこが私たちには見えていなかったのです。

■強制労働の被害に向き合ってきたのか

――東南アジアでは「ロームシャ」という言葉も残っています。こうした、強制労働、労務動員の被害にきちんと向き合ってこなかったことが問われているわけですね。

［労務動員を戦後どう処理したのか］

戦争をやるには兵士だけでは足りない。労働者を動員する必要があった。その中心が朝鮮人であり、中国人、連合国の捕虜、それから占領地の住民です。「ロームシャ」（労務者）と呼ばれましたが、泰緬鉄道でも何人死亡したのか正確な数はわかっていないのです。

連合国の捕虜だったトム・ユーレンやトム・モリスから聞いたのですが、コレラなどがはやると、捕虜たちは水を煮沸したり、複数の人間が一つの器を使って飲む際には、絶対同じところに口をつけないようにするなどしたのですが、各地から寄せ集められた「ロームシャ」たちはそれができないうちに、コレラが蔓延《まんえん》したと言っていました。遺体も荼毘《だび》に付すこともできず、大きな穴を掘って埋めましたが、その一つが一九九〇年に発掘されました。

インドネシアでも住民たちが動員されていました。私は、一九七五年にインドネシアに行き、そこで日本語教師をやっていたのですが、住民が松根油《しょうこんゆ》を知っていたのです。松根油はマツの切り株からとる油状液体で、アジア・太平洋戦争の末期、戦闘機用航空燃料の欠乏に直面していた日本軍が、採取を試みたものです。「自分たちは松根油をとった」と、動員された住民たちがその経験を語っていました。このような日本の戦争の痕跡がアジア各地に残っていました。

しかし、戦争が終わった後、日本はアジアの人々との間でどのような戦後処理をしたのか、元「慰安婦」だけでなく、強制動員、ババール島の住民虐殺など、住民の被害調査もほとんど手がつけられなかった。対中国との関係や朝鮮植民地支配の清算の問題もありますが、東南アジアの兵補（補充兵）や「ロームシャ」へも補償はありませんでした。

インドネシアとの間ではサンフランシスコ平和条約一四条にもとづいて賠償協定が結ばれ、日本は「賠償」を支払っています。しかし、それは「経済協力方式」でしたから、個人賠償はありません。「ロームシャ」に賃金を払っている場合もありました。ハルク島で会った元「ロームシャ」の人は賃金はもらっていたと話していました。何も払っていない場合もあります。あるいは軍票での支払いで、私がインドネシアにいた七五年ごろは、まだ、当事者が生きていますから、「給料をもらっていない、お前が払え」などと言われたこともありました。

そういう「大東亜共栄圏」における労務動員を戦後日本がどう処理したのか。

戦後考えることのなかった侵略戦争の問題

日本が戦争を遂行し、戦後処理が、「ポツダム宣言」による賠償、戦争裁判、最終的にサンフランシスコ平和条約でおこなわれました。平和憲法のことはよく語られるのですが、それと並行しておこなわれた戦後処理で、いったい日本は何を裁かれたのか、何が問題だったのか、当時考える余裕もなかったといいます。

国際政治学者の細谷千博さんや劇作家の木下順二さん、評論家の鶴見俊輔さん、政治学者の石田雄《たけし》先生もそうですが、彼らは、将校、学徒兵、軍属などとして戦争にかかわっています。ところが戦後、生活に追われるなかで、戦争裁判で何が裁かれているのか、何が問題だったのかを考える余裕もなかったと、細谷先生からお話を伺ったことがあります。東京裁判の審理については、新聞などで知ってはいても、特に深く考えることもなかったとおっしゃっていました。

木下順二さんは一度だけ東京裁判を傍聴したそうです。長い時間並んで入場し、一日中、途中退場もできない。一回だけ傍聴して、あとは行かなかったそうです。みんな心にひっかかっていて、「自分だったら」という思いがあるなかで、審理を見守っていたのだと思います。東京裁判はリアルタイムで報道されていて、そこでは弁護団がつき、政府が「法務審議室」や「法務調査部」をつくって証拠集めなどもおこなっていましたが、海外で裁かれたBC級戦犯については、情報が少なく、何が裁かれたのか、国内にはよく伝わらないままに裁判が進行し、死刑が執行されていました。

■放置された植民地支配の被害

——そのなかで、今回の判決で問われたのが植民地支配のもとにあった朝鮮での強制労働ですね。

［日韓条約でもていねいに詰められなかった］

戦後日本の侵略戦争処理のなかで、対連合国との間では、どういう形であれ、一九二八年（戦争放棄に関する条約＝不戦条約）以降の侵略戦争の問題が取り上げられ、戦争裁判で裁かれました。しかし、アメリカやイギリスなど連合国各出身者から構成される国際検察局は一九二八年以前の日本の侵略については、審議の対象にしなかった。朝鮮侵略は審議から外され、東京裁判でもBC級戦犯裁判でも、朝鮮への侵略、植民地支配は裁かれませんでした。それどころか、朝鮮人・台湾人は「日本人」として、戦犯裁判で裁かれたのです。

そのため、朝鮮植民地支配の問題が、戦後の平和運動の中でも見えなくなっていきました。敗戦後の混乱した社会のなかで問われることがないまま、植民地支配の清算問題を通り過ぎてしまった。その中で、在日朝鮮人が要求を掲げて立ち上がると、「暴れている」とか「不当な要求をする」と、「第三国人」という新たな憎悪の言葉を投げかけています。

サンフランシスコ平和条約に向かう過程で、韓国は、「われわれは連合国だ」と主張しました。アメリカは韓国をサンフランシスコ講和会議に参加させるつもりでしたが、日本が猛反対しました。

そもそもサンフランシスコ平和条約二五条では、「連合国とは、日本国と戦争していた国又は以前に第二十三条に列記する国の領域の一部をなしていたものをいう」とされ、連合国の植民地で、戦後、独立した国は連合国とされています。すでに述べたようにフィリピンもインドネシアもインドもスリランカも講和会議に招請されています（インドは参加せず）。それなのに、なぜ韓国が参加できないのかというのが韓国の主張です。しかし、韓国は日本の植民地であって、連合国と交戦状態になかったと、参加を認められなかったのです。

そのかわり、サンフランシスコ平和条約が締結された後、すぐにアメリカに押されて、日本は日韓条約締結に向けた予備会談の席に着きました。しかし、条約締結までは実に一四年かかったのです。日本政府は、植民地統治下で何があったのか一部、資料を出しています。しかし、韓国は交渉の過程で、軍事クーデターがおこり、その後にできた新しい政権が交渉を担うことになったわけです。朝鮮人の強制動員も、いわゆる「慰安婦」の問題も、BC級戦犯の問題も含め、植民地下で何があったか、検証し、それに対する賠償・補償を要求するという詰めができなかったのです。

そのなかで、条約で取り決められた日本から韓国への経済協力五億ドルの一部を使い、韓国政府が被害者個人に三〇万ウォン（約一九万円）の支払いをしました（一九七四年一二月、対日民間請求権補償法）。しかし、受け取った人の数は限られていました。やっと盧武鉉《ノムヒヨン》政権のときに、真相究明委員会ができ、韓国政府は、被害者に補償しようと試みました。

ちなみに、日本政府は、朝鮮から動員した労働者への企業の未払い賃金の一部を、一九四六年の段階で、個人に支払うのではなく、政府に供託金として預けさせたという経緯があります。供託金は一〇年が過ぎて時効となって消滅したとされていますが、その供託金がどうなったのか。「未払金供託報告書」には債権者の氏名や本籍地まで明記されています。その未払い賃金はいくらあるのか。

このようなことを含め、日本の植民地支配、被害者への補償を含めて、侵略戦争の処理が不十分なまま放置されてきたのが朝鮮植民地支配の清算だったと思います。

「実態は調査されてこなかった」

韓国で民主化闘争が高まり、被害者が個々に日本に対して補償要求するようになっていきます。一九九一年ごろからです。日本で九〇件を数える戦後補償裁判があります。七〇年代は、台湾や香港の被害者やサハリン残留韓国人の問題の訴訟がありましたが、九一年以降、韓国の被害者の訴えが増えてきます。一つは民主化闘争の結果だと思います。

また、柳井俊二条約局長の「……日韓請求権協定におきまして両国間の請求権の問題は最終かつ完全に解決したわけでございます。……これは日韓両国が国家として持っております外交保護権を相互に放棄したということで……いわゆる個人の請求権そのものを国内法的な意味で消滅させたというものではございません」という答弁も、被害者とその支援者には大きな力となりました（一九九一年八月二七日、参議院予算委員会）。

外務省は、もともと、シベリア抑留など日本の被害者の個人請求権は残っているとしていたのです（一九九一年三月二六日参議院内閣委員会での高島有終審議官の答弁）。そうであるならば、日中共同声明で「日本国に対する戦争賠償の請求を放棄する」とあっても、個人請求権が残っているし、日韓条約でも同じように個人の請求権は残っている。こうして戦後補償裁判が始まっていったのです。

戦後補償裁判で追及されるまで、被害者の実態、「日帝時代」に何があったのかが、ほとんど調査されてきませんでした。そのことへの被害者や遺族の恨みは大きい。私も韓国在住の方から「自分の兄が生きているか死んでいるかいまだにわからない。それを調べてほしい」との委任を受け、当時の厚生省に問い合わせたことがあります。すると一九四五年（昭和二〇年）一月にフィリピン沖で戦死していました。この人は、志願兵でしたが、「戦死公報」も遺族に届いていませんでした。妹さんは、九〇年代になって初めて兄の行方がわかったのです。

このときやっと届けられた「戦死公報」には、靖国神社に合祀《ごうし》済と書いてありました。彼女は「貴女には感謝するが、日本を深く恨みます」と言ってきました。遺族に「戦死公報」も出さないのに、一方的に靖国合祀をしていたのです。

日本側の言い分としては、戦後、国交回復もしておらず、遺族がどこにいるかわからないので、「戦死公報」を出せなかったということでしょう。しかし、留守部隊名簿には本籍地、留守担当者（父、母か妻など）なども書いてあります。遺族に生死の連絡をし、遺骨を収集、返還するのは、動員した国の最低限の責任です。

もう一つ、具体例を紹介します。インドネシアには残留日本兵がいました。残留日本兵がインドネシアの独立戦争に参加したのは有名な話で、映画もつくられています。私がインドネシアに行った時も、ちょうど残留日本兵三人がインドネシアの独立英雄としてあらためて顕彰され、遺骨を民衆墓地から、英雄墓地に移す儀式があったのです。その三人の日本兵のうち二人については遺族が日本から来ていたのですが、一人は遺族がわからないと言われました。そのときは何も疑問を持たなかったのですが、ある人から「梁川七星《やながわしちせい》って、変な名前でしょう。あれは朝鮮人だよ」と言われたのです。

「なぜ遺族に連絡をしないのですか」と聞くと、「韓国に連絡をしていたら、また面倒くさくなるから、遺族がわからないという形で、そのまま埋めた」と言う。一九七五年のことです。

「おかしい」と思って調査したところ、彼は元ジャワ俘虜収容所の監視員、軍属でしたが、敗戦後、インドネシア独立戦争に参加したゲリラ部隊の一員でした。同じゲリラ部隊にいて、生き残ったインドネシア人の遺族にインタビューをしました。彼らの話から、同じゲリラ部隊に朝鮮人の軍属だった人が七〜八人はいたのです。しかし、その人たちはどこで死んだかもわからない。梁川という人一人だけわかったのは、オランダに捕まって銃殺されたからでした。

日本に帰ってきて梁川七星について調べましたが、本名もわからない。その時は日本政府は名簿も公開していなかったのです。そこで、『三千里』という雑誌に、彼について小さなコラムを書いたところ、「これは私が探している甥ではないか」と、ある在日朝鮮人の方が連絡をくれました。それで彼の本名、本籍がわかったのです。こちらは創氏改名での日本名とインドネシア名（コマルディン）しかわからない、遺族はヤン・チルソン、ヤナガワ・シチセイという本名と創氏名しかわからない、そのなかで、つき合わせてやっとわかった。そもそも留守名簿を見れば、本籍も親の名前も書いてあるのですぐわかるのですが、日本はこの資料を公開していなかった。のちに韓国の研究所の人から資料をいただき、ようやくわかりました。日本政府がわからないはずはないのですが、そういう手続きをとらなかった。

■いま私たちに問われていること

――この問題をとおして、いま私たちに何が問われているのでしょうか。

[植民地支配のプロセスとともに戦後も問われている]

いま紹介した二人の軍人や軍属を見ても、侵略、植民地支配の過程とともに、植民地を手放した後の清算がどうだったのかが問われています。徴用工の問題・労務動員の問題についても、そのことを痛感します。

連合国の捕虜に対しての戦後の対処は、それなりにおこなわれましたが、いまだに「恨み」が消えない人もいます。一九四五年八月末には、日本の約一三五カ所の捕虜収容所の上をB29が飛んで、救援物資を投下しています。八月二〇日に河辺虎四郎中将がマニラに降伏文書を受領しに行った時、降伏文書の調印までに捕虜収容所に収容されている捕虜の名前と捕虜収容所の職員名簿をすべて出せと要求されています。日本は慌てて、名簿をそろえ、死亡した捕虜の骨箱まできれいにし、埋葬地を整備したりしています。八月末にアメリカの艦船が品川沖に入ると、すぐに捕虜の収容に動いています。それには赤十字が立ち会っています。捕虜を解放するときには、彼らは働いた賃金を強制貯金させられていたので、貯金をおろしたり、刑務所や病院にいる可能性もあったので、その人たちについてもきちんと調べあげて解放しました。そしてすぐに捕虜一人ひとりと対面調査をし、何年何月どこで殴られた、あるいは、殴られたのを見たなどの証言を集めています。そのことがカードに記録され、ワシントンのNARA（アメリカ国立公文書館）に残っていました。

このようにして捕虜の解放と並行して戦犯調査を始めていました。中国政府（中華民国）は、連合国の一員で、東京裁判の判事国ですが、戦後すぐに、中国人労働者は、労務者ではない、捕虜として認めろという要求をしてきます。これには日本政府は頑として同意しなかったのですが、それでも横浜法廷では二件が裁かれています。そのうちの一つはさきの鹿島組の花岡鉱業所の事件、もう一つは大阪築港事件です。しかし、そういう日本の対連合国との戦後処理からまったく落ちこぼれたのが、朝鮮人、台湾人……植民地の人々の問題でした。

帰国を急いでいた朝鮮人の中には、賃金の未払いがあったまま本国に帰ってしまった人もいます。それが問題になってくるのが、一九六五年の日韓条約のころからです。そのときに未払い賃金の問題や強制動員はいったんは問題になりましたが、結局は、有償・無償五億ドルが経済協力になり、当時の椎名悦三郎外務大臣の言うところの「独立祝い金」といったような性格の金になったのです。

〔問題の火種は残っている〕

いちばんの問題は、「徴用工」という言い方であれ、「強制動員」という言い方であれ、日本の私たちが、一九一〇年の「韓国併合」は何だったのか、そして植民地時代に何があったのか、敗戦後それがどのように戦後処理されたのかということを、きちんと認識していないということです。朝鮮人は、併合後は日本臣民になったとされています。しかし、国籍法は適用されていません。「慣習と条理により日本国籍を持つ」という扱いでした。戸籍は、「朝鮮戸籍」に記載され、日本本土（内地）の日本人とは区別されていました。そして、この戸籍間の移動も原則、禁止されています。養子や婚姻などの身分行為以外には日本に戸籍が移せない。そういう形の「日本人扱い」です。

併合時の川柳で「今日からは日本人だよと長キセル」という句がありますが、独立国家の朝鮮を併合したという認識が乏しく、「新しい弟ができた」という認識の中で、同化政策がとられていったのです。

そして、戦後も、植民地支配の清算という問題を、ずるずると、その場、その場でつじつま合わせできました。六五年の日韓条約にある、「すべての条約及び協定は、もはや無効であることが確認される」という条文にしても、双方で解釈が違うことが当時から問題でしたが、それが、いままた、問題となってきました。日本は、無効であることを確認して終わりと考えたが、韓国の側は、植民地支配はそもそも最初から不法だと考えた。

今度の大法院の判決も、不法な植民地支配のもとでおこなわれたことの非人道性を問うています。当時の政権同士がすり合わせて、妥協しながら、何とか日韓をつないできたけれど、問題の火種はこうやって残ってきたのです。

河野太郎外相（当時）にしろ、安倍首相にしろ、勇ましいことを言っていますが、この問題の歴史的な経緯を考えているようには思えません。日本の「すべて解決済み」との主張に対して、韓国では最高裁の判決であのような判断が出されたのを受けて、今後、政府間でどういう処理をしていくのかを話し合うべきだと思うのですが、どうして、「言語道断の判決」などという言葉が出てくるのでしょうか。最初にも言いましたが、ことさら朝鮮・韓国に対してこういう言い方をしているような気がしてなりません。朝鮮・韓国に対する見下した視線があるのではないか、被害者はそれを感じとっています。

［被害者の尊厳と名誉を回復する］

しかし、一方で、東京新聞の二〇一八年一一月二七日の読者欄に、九〇歳の炭鉱記録作家の方が

「共に働いた徴用工たち」との文章をよせています。この方は、少年時代、旧樺太《からふと》の炭鉱にいて、そこには朝鮮人もたくさんいて、その人たちは病気になって休むと、ただでさえ少ない食事を半分に減らされていたなど、当時の過酷な実態をふり返って、「詫びる言葉がない」と書かれています。いまの日本政府の「日韓請求権協定で解決済み」「国際法に照らしてあり得ない判断」との批判に対し、「これでは動員され、酷使された朝鮮人の方々に寄り添うことができるだろうか。植民地支配の原点に返り、根本から考え直す時にきているのではあるまいか」と書かれています。こういう視点こそ大事ではないでしょうか。

朝鮮人の労働者がどんな姿で働かされていたのかを自分たちが目にしていれば、百歩譲って、たとえ「解決済み」だったとしても、この人たちに対して、私たちはいま何ができるのかという問題を立てることができるはずです。被害者一人ひとりに対して、きちんと調査をして、日本政府と韓国政府と企業それぞれが金を出して、賠償、補償して、謝罪をするシステムを考えようというふうに普通なら話が動くと思うのです。西松建設はそれをやっています。

具体的な被害者が、今度提訴した人たちです。彼らは個人ですが、その個人が全体の問題を象徴しています。彼一人ではなく、彼らに代表される朝鮮の労務動員に対して、政府や企業がどう向き合うのかが問われています。なぜ、ドイツのような基金をつくり、両方の政府と企業、被害者団体が協力して解決していくことができないのでしょうか。被害者、遺族は納得がいかないのだと思います。

自分たちの受けた屈辱と苦労をきちんと日本政府が理解し、おわびと補償のお金を払うことにすれば、納得するのではないでしょうか。ドイツの「記憶・責任・未来」財団を訪問したことがありますが、彼らが言うように、支払っているお金は少ないものでした。お金の額というより、当事者がいかに納得するのか、人間としての尊厳が大事なのに、日本は、有償・無償五億ドル支払ったから、「独立祝い金」「つかみ金」などと、相手の神経を逆なでするようなことを言ってしまう。

ある外交官がかつて、戦後補償全体を扱う省庁をつくることを考えたことがあると聞きました。そこに資料も集め、データにもとづいて相手と交渉するという構想です。しかし、日本はそれをやらなかった。アメリカの占領下で、やれなかったこともあるでしょう。

これから韓国で十数件、判決があります。中国との間でもまだ裁判がおこなわれています。いまのような反応ではなく、いま何をやれるのかを考えるべきだと思います。その中で穀田恵二衆院議員の質問（二〇一八年一一月一四日、衆議院外務委員会）を聞いて、心打たれました。「個人請求権は消滅していない」ということを一つひとつきちんと政府とのあいだで確認し、最後に野中広務さんの経験を引用されていました。「子供のころ、鉱山で働く朝鮮人が、背中にたくさんの荷物を背負い、道をよろよろ歩く、疲れ切ってうずくまるとむちでぱちっとたたかれ、血を流しながら、はうようにまた歩き出す、そんな姿を見てきました。戦後六十四年が経過した今でも、戦争の傷は癒えていません。北朝鮮との国交回復、賠償の問題も残っています。多くの未解決の傷跡を見るとき、まだまだ日本は無謀な戦争の責任がとれていない。そのこと自体が被害者の方々にとって大きな傷になっていると思われ、政治家の一人として申しわけない思いです」と。

そして穀田議員は、「日韓双方が、この徴用工の、元徴用工の被害者の尊厳と名誉を回復するという立場から、冷静で真剣な話し合いをすることが極めて大切だ」と呼びかけられていますが、そういうことをいま政治に求めたいと思います。なお野中さんは朝鮮人ＢＣ級戦犯の問題にも心を寄せて、当事者に「申しわけない」と、頭を下げ解決への努力を約束していました。

私は戦争裁判、とくにBC級戦犯のことに関心をもって運動してきました。BC級戦犯の中には、日本のなかで裁かれたA級戦犯とは違い、アジアの被害者の目にさらされ、そのなかで自分たちの加害に気づき、侵略戦争を批判する視点をもった人もいます。

戦後占領下の東京で育っていますが、記憶にあるのは空腹とMPぐらいで、朝鮮の植民地支配の実態などは、大学を卒業するときも、言葉として知っていたにすぎませんでした。六〇年代になって、当事者の証言などを読んで衝撃をうけました。戦後、七三年以上がたったいまも、植民地支配の被害者が問いかける中で、私たちは、まず事実を共有し、私たちはどうすべきかを考え、行動し続けていきたいと思います。

（うつみ・あいこ／『前衛』二〇一九年二月号）

＊　＊　＊

徴用工問題をめぐる問題点の整理と解決の展望について

川上詩朗（弁護士）

はじめに

二〇一八年一〇月三〇日、韓国大法院（日本の最高裁判所にあたる裁判所）は、元徴用工四人が新日鐵住金株式会社（現在は日本製鉄株式会社に社名を変更。以下旧社名の「新日鐵」という）を相手に損害賠償を求めた裁判で、元徴用工の請求を認める判決を下し、その判決は確定した。

この大法院判決に対して、同じ日に開かれていた衆議院本会議において、安倍晋三首相は、「国際法に照らして、あり得ない判断」であり「毅然と対応して」いくと答弁した。

その後日本では、「大法院判決は国際法に違反している」「韓国は約束を守らない国だ」というような非難が繰り返されている。二〇一九年七月一九日には、河野太郎外務大臣（当時）は、韓国の南《ナム》官《グァンピョ》杓駐日大使に対し、「韓国政府が国際法違反の状態を野放しにせず、ただちに是正措置をとることを強く求める」と述べたと報じられている。

しかし、これらの発言には、いくつかの問題がある。

第一に「国際法違反の状態」とは具体的に何を意味するのか。おそらく、大法院判決が日韓請求権協定（協定）や「条約法に関するウィーン条約」（条約法条約）に違反しているということを指しているものと思われる。

すなわち、大法院判決を批判する見解の中には、日本が韓国に対して、協定一条に基づいて供与した無償三億ドルには元徴用工への賠償金が含まれており解決済みであるとする見解がある。あるいは、協定二条一項には「請求権」に関する問題が「完全かつ最終的に解決」されたとしているのに、今回の大法院判決はそれを覆したとして、協定及び条約法条約二六条（「条約を誠実に履行しなければならない」）に違反しているという見解がある。しかし、これらの見解がいうように元徴用工問題は解決済みであり、大法院判決により「国際法違反の状態」にあるといえるのだろうか。

第二に「韓国政府が……是正措置をとることを強く求める」と述べているように、徴用工問題を解決すべき責任が韓国側にあるというが、はたしてそうなのか。大法院判決が国際法に違反していないのであれば、国際法違反の状態の是正という問題はそもそも生じない。日本政府は何を根拠に韓国に対して「国際法違反の状態」の是正を求めているのだろうか。日本政府は、徴用工問題を解決するにあたり一切責任を負わないのだろうか。

これらの基本的な問題が冷静に検討されることがないまま、韓国批判が繰り返されているが、改めてこれらの問題について検討してみたい。

■徴用工とは何か

柳条湖事件（満州事変・一九三一年）により中国への侵略戦争が開始され、盧溝橋事件（一九三七年）を経てアジアへの侵略が拡大していく中で、多くの青年が戦場に駆り出された。それにより生じた日本国内の炭鉱や軍需工場での労働力不足を補うために、日本政府（企画院）は、一九三九年から労務動員計画（後に国民動員計画に改変）を毎年企画し、それに基づき日本企業は、植民地である朝鮮半島から若者をその意に反して日本本土に連行（強制連行）し、労働を強いた（強制労働。以下、強制連行と強制労働を併せて「強制動員」という）。この強制動員された労務者を総じて「徴用工」（広義）という。

■「徴用」「募集」「官斡旋」の異同

「徴用工」のうち狭義の意味における「徴用工」は、国家総動員法四条[*1]に基づく「勅令」（国民徴用令）により「徴用」された者をいう。その者は、「徴用」に応じない場合には刑罰に処せられるなど（国家総動員法三六条[*2]）、法的に強制された立場に置かれる。

ところで、法的に強制された立場に置かれるのは、国家総動員法に基づく場合だけではない。軍需会社法は、軍需会社として指定された会社及びその一部の工場のうち、厚生省が指定する会社（指定軍需会社）と工場（指定軍需工場）の従業員について、一部を除外して「徴用サレタルモノト看做《みな》ス」と定めている。それにより、朝鮮半島から連行された態様がどのようなものであれ、指定軍需会社や指定軍需工場で働いている従業員は全て「徴用」された者として、法的に強制された立場に置かれることとなる。これも狭義の意味における「徴用工」ということができるであろう。

他方、国民徴用令二条は、「徴用ハ特別ノ事由アル場合ノ外職業紹介所ノ職業紹介其ノ他募集ノ方法ニ依リ所要ノ人員ヲ得ラレザル場合ニ限リ之ヲ行フモノトス」と定めている。すなわち、「徴用」（狭義）は「募集」の方法により人員を確保できない場合に限るとされていた。そのため、歴史的には、「徴用」(狭義)(一九四四年・日本政府「半島人労務者ノ移入ニ関スル件」)に先立ち、「募集」方式(一九三九年〜)や「官斡旋」方式(一九四二年・朝鮮総督府「朝鮮人内地移入斡旋要綱」)により労務者が集められることになる。

「募集」や「官斡旋」は、厚生省が日本本土内の企業(事業者)から職業紹介所を通じて集めた申請を朝鮮総督府に送り、朝鮮総督府がそれを許可して行政機関(道・府・邑・面)に割り当て、そこで日本企業の担当者が地元の警察と協力しながら行うことになる。そこで集められた労務者は、日本企業の担当者等に引率されて日本本土に連れて行かれ、就業地を管轄する朝鮮人の管理組織である「協和会」や警察署、職業紹介所等に報告され、それらの団体の幹部や職員の指示にも服しながら就労することになる。

このように、「徴用」(狭義)と「募集」「官斡旋」とは、それらを実施する法的根拠を異にし、法的に強制される立場に置かれるかどうかの違いはある。しかし、「募集」や「官斡旋」においても、甘言や略取など被徴用者の意に反して(強制性)連行された実態があり、労働の実態にも強制性が認められる点において共通性が認められる。そのため、狭義の「徴用工」のみならず、「募集」や「官斡旋」により集められた労務者を含めて広義の意味で「徴用工」と称しているのである。

＊1「政府ハ戦時ニ際シ国家総動員上必要アルトキハ勅令ノ定ムル所ニ依リ帝国臣民ヲ徴用シテ総動員業務ニ従事セシムルコトヲ得但シ兵役法ノ適用ヲ妨ゲズ」

＊2「左ノ各号ノ一ニ該当スル者ハ一年以下ノ懲役又ハ千円以下ノ罰金ニ処ス　一　第四条ノ規定ニ依ル徴用ニ応ゼズ又ハ同条ノ規定ニ依ル業務ニ従事セザル者(略)」

■強制動員被害者の実態と訴訟の経緯

強制動員被害者はどのような被害を受けたのか。

例えば、新日鐵を相手とする訴訟の原告のうち大阪製鉄所に送られた元徴用工は、一九四三年に日本で二年間訓練を受けて技術を修得した後に朝鮮に戻り製鉄所で技術者として働けるという募集に惹かれて応募したものの、技術を修得するための訓練など行われなかった。いわば騙されて連行されたといえる。

宿舎である寮は木造二階建てであるが、徴用工が逃げ出さないようにするために、一階の窓には鉄格子が設置され、一階出入口は常時舎監が監視している。夜間も出入口は施錠し、舎監が出入口の内側で就寝して監視している。寮の門にも見張りがいて夜間は施錠されている。このように、常時監視され自由に外出できない状況であった。食事も貧弱、勤務体制は一勤務八時間三交代制であり、休日は一カ月に一～二回程度である。仕事の内容は、内径一・五メートル、長さ約一〇〇メートルの鉄パイプの中に入り、一日がかりでパイプ内の石炭滓《かす》と煤《すす》を取り除くなど過酷な労働を強いられた。給料は形式的には支払われるものの、本人に無断で貯金を強いられ、その通帳と印鑑は舎監が管理。終戦後に貯金を引き渡すように求めるがそれも実施されず、結果的に給料を受け取ることなく働かされるという状態であった。

このような被害を受けた元徴用工は、一九九七年に大阪地方裁判所に国と新日鐵を相手方として、損害賠償請求訴訟を提起する。その後、日本での裁判は地裁での敗訴判決（二〇〇一年）、高裁での控訴棄却（二〇〇二年）、最高裁での上告棄却（二〇〇三年）となる。しかし原告は諦めることなく、二〇〇五年には韓国ソウル中央地方法院に新日鐵のみを相手方として損害賠償請求訴訟を提訴。ソウル中央地方法院は、二〇〇八年に原告の請求を棄却。原告はソウル高等法院に控訴したが（二〇〇八年）、そこでも控訴棄却されたため（二〇〇九年）、大法院に上告。大法院は、二〇一二年、ソウル高等法院の原告敗訴判決を破棄し審理をソウル高等法院に差し戻した。その後、ソウル高等法院では原告が勝訴したため新日鐵が大法院に上告（二〇一三年）。そして二〇一八年に大法院は新日鐵の上告を棄却し、元徴用工被害者の勝訴判決が確定したのである。このように、元徴用工被害者は、日本で訴訟を提起してから二一年目にしてやっと救済される判決を勝ち取ったのである。

韓国では、新日鐵を相手方とする訴訟の他に、三菱重工業株式会社（三菱重工業）を相手方とする裁判が二件確定している（二〇一八年一一月二九日の名古屋三菱女子勤労挺身隊事件及び広島三菱重工業事件の各大法院判決）。それらの原告も同様に、韓国での裁判に先立ち、日本で訴訟を行い、いずれも日本での敗訴判決を経て、韓国での勝訴判決を確定させたのである。

■日本の裁判所における事実認定と違法性判断——重大な人権侵害性を認めている

それでは、日本の裁判所は強制動員被害の実態に対してどのような判断を示したのか。

新日鐵の裁判では、大阪地方裁判所は、連行の態様について違法性は認めないものの、労働実態については「強制労働に該当し、違法といわざるをえない」「日本製鐵が原告らに対し賃金を一部支払わなかったこと及び違法な強制労働に従事させたことが認められるから、日本製鐵には、賃金未払、強制労働、それぞれに関して債務不履行及び不法行為に基づく損害賠償責任が認められることになる。」と判示した（二〇〇一年三月二七日大阪地裁判決）。

また、名古屋三菱女子勤労挺身隊事件について、名古屋高等裁判所は、「日本に行けば学校に行ける」「工場で働きながらお金も稼げる」等勧誘したがそのような勉強の機会等は予定されていなかったという連行の態様について、「欺罔《ぎもう》あるいは脅迫によって挺身隊員に志願させたものと認められ、これは強制連行であったというべきである。」とした。また、労働の実態についても「本件勤労隊員らの本件工場における労働・生活については、同人らの年齢、その年齢に比して過酷な労働であったこと、貧しい食事、外出や手紙の制限・検閲、給料の未払いなどの事情が認められ、これに挺身隊員を志願するに至った経緯なども総合すると、それは強制労働であったというべきである。」と判示した。そして、「本件勤労挺身隊員らに対する勧誘行為や本件工場における労働・生活、すなわち強制連行・強制労働について、被控訴人国については民法の適用があるならば、被控訴人会社については旧会社との法人格の同一性あるいは旧会社からの債務の承継が認められるならば、被控訴人らは、民法七〇九条、七一五条、七一九条によりその損害賠償等の責任を負担すべきことになる。」とし、民法の適用や旧会社との法人格の同一性を認めた上で、賠償責任の発生を認めた（二〇〇七年五月三一日名古屋高裁判決）。

このように、強制動員の被害実態に対して日本の裁判所は、大法院判決とほぼ同様の事実認定を行った上で、それは「強制連行」又は「強制労働」に該当し違法であるとして重大な人権侵害性を認め、当時の日本企業等に賠償責任が生じることを認めたのである。

強制動員問題の背景には日本の植民地支配の不法性・不当性の問題があったが、その問題については日韓会談で合意に至っていない。植民地支配の不法性について日韓で認識を共有するための努力は必要であるが、その問題が解決しなければ強制動員問題が解決できないというわけではない。植民地支配の不法性の判断を示していない日本の裁判所においても、強制動員被害の人権侵害性を認め、賠償責任の発生を認めていることから、強制動員被害者を救済すべき必要性は日韓で共有することができるといえるのではないだろうか。

なお、日本の裁判所において賠償責任の発生を認めているにもかかわらず、新旧会社の同一性否定論や請求権放棄論などの法律論で強制動員被害者の訴えは退けられた結果、日本の裁判では勝訴判決を得ることができなかったのである。

■徴用工被害者は何を請求しているのか——慰謝料請求権

大法院判決を批判する見解の中には、今回の訴訟は元徴用工の未払給料の支払いの問題であると誤解しているものもある。しかし、今回の訴訟で元徴用工が請求しているのは未払給料の問題ではなく、強制動員によって被った精神的苦痛に対する慰謝料の支払いの問題である。

大法院判決は、問題となる請求権とは、「日本政府の韓半島に対する不法な植民地支配及び侵略戦争の遂行と直結した日本企業の反人道的な不法行為を前提とする強制動員被害者の日本企業に対する慰謝料請求権」であると述べている。

「反人道的な不法行為」とは、強制動員が非人間的でその違法性の程度が極めて高いことを表している。また、徴用工は中国への侵略戦争の遂行によって生じた労働力不足を補うために、植民地支配下の朝鮮半島から若者を日本本土に強制動員したという背景がある。その点を踏まえ、大法院判決では「日本政府の韓半島に対する不法な植民地支配及び侵略戦争の遂行と直結した」と述べている。

このように、今回問題とされているのは、元徴用工が被った精神的苦痛に対する賠償金（慰謝料）の問題であることを確認しておく必要がある。

■日韓会談で何が検討されたのか

徴用工問題は、日本の植民地支配の不法性・不当性に関わる問題であるとともに、被害者個人の賠償請求権を巡る問題である。

これらの問題は、日韓会談（一九五一年～一九六五年）を経て合意された日韓基本条約や日韓請求権協定（協定）において解決されたのだろうか。

日韓会談の目的は、ポツダム宣言受諾（一九四五年）により朝鮮半島が分離独立したことに伴う、在韓日本財産及び在日韓国財産の引渡し等の「財政的、民事的債権債務関係」の解決にあった。しかしそれに加えて、韓国政府は、一九一〇年の日韓併合以降の不法な植民地支配下の賠償問題の解決も求めた。それに対し、日本政府は、植民地支配は合法・正当であり、賠償問題は論外であるという立場であった。

植民地支配の不法性に関して、日韓基本条約二条は、日韓併合条約も含めてそれ以前に締結された条約等は「もはや無効であることが確認される」と定めている。この条文は、当初は単に「無効」と書かれていた。それでは、日韓併合条約等の条約は不法（違法）である（植民地支配は不法である）ため最初から無効であるとの解釈が可能となる。そのため、日本側が強く反対し、結局、「もはや」という文言を加えることにより、日韓基本条約の締結以前はともかく、「今となってはもはや無効である」と解する余地を残す形となった。すなわち、最終的には、植民地支配の不法性の問題は合意に至らず未解決とされたのである。

■無償三億ドルにより解決したのか——日本政府は賠償金であることを否定している

日本が韓国に無償三億ドルを供与したことで、元徴用工の賠償金問題は解決したのか。

協定一条は、無償三億・有償二億ドルの供与・貸与が「大韓民国の経済の発展に役立つものでなければならない」と定めており、それらが経済協力のためのものであるとしている。大法院判決を批判する見解の中には、日本が韓国に三億ドルを現金で支払ったと誤解している見解がある。しかし、無償三億ドルは現金で支払われたのではなく、「日本国の生産物及び日本人の役務（労働などによる務め）」により供与されたのである。無償三億・有償二億の供与や貸与は、韓国国内でのインフラ整備工事や工場建設などを日本企業と韓国企業が受注し、その代金を日本が支払うなどの形で行われた。

このように、無償三億ドルとは韓国国家への経済協力を目的としたものであり、元徴用工への賠償（慰謝料）を直接目的としたものではない。

このことは、日本政府も認めている。一九六五年一一月一九日の参議院本会議において、当時の椎名悦三郎外務大臣は、無償三億ドル等は賠償ではないし、協定二条で請求権を放棄したことの代わりにその対価として供与や貸与するものではなく、それは経済協力資金であり、「新しい国の出発を祝う」ものであると答弁している。

このような経緯に照らすならば、少なくとも、日本政府が、無償三億ドルにより元徴用工の賠償金(慰謝料)問題は解決したと主張することは許されないであろう。

■元徴用工の慰謝料請求権は協定二条一項の「請求権」に含まれるのか

それでは、元徴用工の賠償問題は協定二条一項により解決済みといえるのか。

ここではまず、元徴用工の慰謝料請求権が協定二条一項の「請求権」に含まれているのかが問題となる。

この点、日韓両国で確認された「合意議事録(Ⅰ)」(一九六五年六月二二日)は、「完全かつ最終的に解決」されたこととなる「請求権」には「『韓国の対日請求要綱』(いわゆる八項目)の範囲に属するすべての請求」が含まれており、それらに関しては「いかなる主張もなしえない」と書かれている。そして、対日八項目五項には、「被徴用韓国人の未収金、補償金及びその他の請求権」があげられている。

そこで、元徴用工の慰謝料請求権が対日八項目五項に含まれるのかが問題となる。

この点、大法院判決の多数意見は、元徴用工の慰謝料請求権は「請求権」には含まれていないと解している。その理由は、そもそも日韓会談の目的は、日本の植民地支配賠償を請求するものではなく、サンフランシスコ平和条約(サ条約)四条に基づき、朝鮮半島の分離・独立に伴い、朝鮮半島の在韓日本財産と日本本土の在日韓国財産の清算(「韓日両国間の財政的・民事的債権債務関係を解決するためのもの」）をすることにある。また、対日八項目五項[*3]には「被徴用韓国人の未収金、補償金及びその他の請求権」があげられているが、「未収金」とは未払給料を意味する。「補償金」とは、違法な行為により生じた損害の「賠償」とは異なり適法な行為により被った損失を補填することである。「その他の請求」とはその前に例示したものに類する請求権を意味するが、その前に例示されているのはいずれも違法なものではなく、また対日八項目のその他の項目も違法性を前提とした項目ではないことから、不法行為に基づく損害賠償（慰謝料）請求は協定二条の「請求権」には含まれないと解している。

この見解によると、元徴用工の慰謝料の問題は、協定では合意しておらず、大法院判決が元徴用工の慰謝料の支払いを認めたとしても、そもそも協定違反が生じないことになる。

＊3　対日八項目とは、①朝鮮銀行を通じて搬出された地金及び地銀の返還請求、②一九四五年八月九日現在の日本政府の対朝鮮総督府債権の返還請求、③一九四五年八月九日以後韓国から振替又は送金された金品の返還請求、④一九四五年八月九日現在韓国に本社本店又は主たる事務所があった法人の在日財産の返還、⑤韓国法人又は韓国自然人の日本国又は日本国民に対する日本国債、公債、日本銀行券、被徴用韓国人の未収金、補償金及びその他の請求権の返還請求、⑥韓国人（自然人、法人）の日本政府又は日本人に対する個別的権利行使に関する項目、⑦前記諸財産又は請求権より発生した諸果実の返還請求、⑧前記の返還及び決済の開始及び終了時期に関する項目をいう。

■徴用工個人の慰謝料請求権は協定二条一項で「完全かつ最終的に解決」したのか

他方、徴用工の慰謝料請求権は協定二条一項の「請求権」に含まれているというのが、大法院判決の個別意見である。個別意見は、日韓会談において、韓国政府は徴用工の請求権について「生存者、負傷者、死亡者、行方不明者及び軍人・軍属を含む被徴用者全般に対する補償」を要求し、「他国の国民を強制的に動員することにより負わせた被徴用者の精神的肉体的苦痛に対する補償」までも積極的に要請していたことなど、協定締結に至るまでの経緯等に照らして、協定二条一項の「請求権」に含まれるとした。大法院判決の反対意見も、同様に含まれると解している。

その場合次に問題となるのは、元徴用工の賠償請求権は「完全かつ最終的に解決」されたとして、元徴用工は「いかなる主張もなしえない」のかということである。合意議事録（Ｉ）には、対日八項目に属する請求権については「いかなる主張もなしえない」とされているが、主張をすることができない主体が明記されておらず、「主張もなしえない」のは誰かが問題となる。

この問題を検討する際のポイントは、国家の有する「外交的保護権」と、個人の有する「個人賠償請求権」を区別して理解することである。

外交的保護権とは、自国民が外国で違法・不当な取り扱いを受けた場合、外交手続などを通じて自国民の適切な保護や救済を求めることができる国際法上の権利のことである。これは、国家自身の権利であり、それを行使するか否かは国家の裁量に委ねられているし、国家自らそれを放棄することも可能である。他方、国家の外交的保護権とは別に、被害者個人は賠償請求権を有している。

この区別を前提とした上で、「完全かつ最終的に解決」したとは、国家の外交的保護権が消滅したことを意味し、個人の請求権は消滅していないとする見解がある。大法院判決の個別意見である。近代市民国家においては、国家と個人は区別され、国家は個人の請求権を一方的に消滅させることはできないというのが基本原理である。そして、例外的に消滅させる場合にも明確な根拠が必要である。しかし、協定にはそのことが明確に定められていない。個別意見はこのことを理由に、個人の請求権は消滅していないとしている。

このような考え方は、日韓請求権協定を締結した当時の日本政府の見解でもあった。

日本政府が連合国と一九五一年に締結したサ条約一九条（a）には、日本国が日本国民の連合国に対するすべての「請求権を放棄」すると定めている。原爆により被害を受けた被爆者は、原爆により被爆者が被った損害に関して、原爆被爆者個人の米国に対する賠償請求権もサ条約一九条（a）により放棄され消滅したとして、被爆者の賠償請求権を一方的に奪い消滅させた日本政府を相手に、正当な補償を求める裁判を行った（原爆訴訟）。その裁判において、日本政府は、サ条約一九条（a）の「請求権を放棄」するというのは、国家の外交的保護権を放棄したことを意味し、被害者個人の賠償請求権は消滅していないのであるから、日本政府は補償する責任を負わないと反論した。

柳井俊二外務省条約局長も、協定二条一項において「完全かつ最終的に解決」したというのは、日韓両国が国家として持っている「外交的保護権」を相互に放棄したということであり、「個人の請求権そのものを国内法的な意味で消滅させたというものではございません」と答弁している（一九九一年八月二七日参議院予算委員会）。

二〇〇〇年代に入り、日本政府は、個人の請求権は消滅していないという見解を維持しながらも、裁判において救済されないというように見解を変えている。しかし、今日に至るまで、個人の賠償請求権は消滅していないということは一貫しており、この点に関しては日韓両国政府の見解に違いはない。

■日本の最高裁判所の判決——個人の請求権は実体的に消滅していない

日本の最高裁判所もサ条約一九条（a）に定める「請求権を放棄」の意味について、「裁判上訴求する権能」（裁判所に訴えを求める権利や地位）を失ったが、個人の請求権は消滅していないという判断を示している（中国人強制連行西松事件に関する二〇〇七年四月二七日最高裁判決）。

すなわち、強制連行・強制労働により被害を受けた中国人が、西松建設株式会社を相手方として損害賠償の支払いを求めた裁判において、日本の最高裁判所は、「ここでいう請求権の『放棄』とは、請求権を実体的に消滅させることまでを意味するものではなく、当該請求権に基づいて裁判上訴求する権能を失わせるにとどまるものと解するのが相当である。」「戦争の遂行中に生じたすべての請求権の放棄が行われても、個別具体的な請求権について、その内容等にかんがみ、債務者側において任意の自発的な対応をすることは妨げられないものというべき」であると判示した。

この日本の最高裁判所の見解によれば、被害者が日本の裁判所に損害賠償を求める訴えを提起したとしても、裁判所として被害者を救済する判断を出すことはできないことになる。しかし、個人の請求権は消滅していないのであるから、この請求権の処理を巡る問題は解決していないことになる。

そして最高裁判所は、この請求権の処理を巡る問題について、「個別具体的な請求権について債務者側において任意の自発的な対応をすることは妨げられないところ、本件被害者らの被った精神的・肉体的苦痛が極めて大きかった一方、上告人は前述したような勤務条件で中国人労働者らを強制労働に従事させて相応の利益を受け、更に前記の補償金を取得しているなどの諸般の事情にかんがみると、上告人（西松建設）を含む関係者において、本件被害者らの被害の救済に向けた努力をすることが期待されるところである。」という付言を述べ、その解決を促したのである。

この最高裁判所判決を受けて、西松建設は被害者との間で、自らの加害の事実を認め、「その歴史的責任を認識し」、「深甚なる謝罪の意を表明」し、資金を拠出して基金を創設し、基金事業として、被害者への補償や記念碑の建立などを行うなどの和解を成立させた。この基金による解決を望む被害者は、補償金の支払いと引き換えに、企業に対する個人の賠償請求権を放棄することになる。これにより、個人の賠償請求権の処理を巡る問題は解決し、企業も法的安定性を確保することになるのである。

■元徴用工の賠償請求権を消滅させる合意や約束は成立しておらず未解決である

これまで述べてきたとおり、協定において、元徴用工の賠償請求権を消滅させる合意や約束は成立しておらず、この問題は、未解決とされてきたのである。

仮に協定によって元徴用工の個人賠償請求権を消滅させる合意や約束が成立していたのであれば、大法院判決で個人賠償請求権を認めたことに対して、約束違反とか国際法（協定）違反との批判はあり得るかもしれない。しかし、元徴用工の個人賠償請求権を消滅させる合意は成立しておらず、それは残っているのであるから、大法院判決がそれを認めたとしても、協定や条約法条約二六条に違反したことにはならないし、約束を破ったことにもならない。韓国政府に対して国際法違反と批判しているが、その前提となる「国際法違反の状態」は生じていないのである。

■韓国政府が日韓関係の悪化を是正すべきことの合意や約束は存在しない

このように、大法院判決が国際法に違反していないことは明らかである。そこで、大法院判決そのものを直接批判するのではなく、韓国政府の徴用工問題に対する政治的対応を批判する見解がある。すなわち、徴用工問題については、韓国政府が自ら解決すると約束したのであるから、韓国政府は大法院判決により生じた日韓関係の悪化を是正すべき責任があるというものである。

仮に、日韓両国政府間で徴用工被害者の個人賠償請求権を法的に消滅させる合意や約束が成立していたとするならば、それにより韓国政府は被害者に対して正当な補償をすべき法的責任が生じることになり、その韓国政府に対してその責任を果たすよう求めることもあり得るかもしれない。しかし、日韓両国政府間には、被害者個人の賠償請求権を消滅させる合意や約束は成立していない。したがって、あくまでも賠償責任を負っているのは日本政府や日本企業であり韓国政府ではない。日本政府や日本企業は、自らの法的責任を棚に上げて、韓国政府に対して、大法院判決により生じた日韓関係の悪化を是正すべき責任があるなどと求めることはできないことは明らかである。

■民官共同委員会報告の検討

このように、韓国政府が日本政府や日本企業の責任を肩代わりする法的合意や約束をしていないことは明らかである。また、政治的にもそのような合意や約束が存在するのであれば、日本政府はその根拠を示すべきであるが、日本政府から明確な根拠は示されていない。

なお、この点に関して、二〇〇五年に韓国でまとめられた民官共同委員会報告を根拠に韓国政府の責任を問う見解もあることから、この報告書について検討する。

民官共同委員会は、韓国で日韓会談に関する会議録等の情報公開請求訴訟が提起され、二〇〇四年のソウル行政法院の情報公開拒否処分の取消判決、二〇〇五年の韓国政府の協定に関する文書の全面公開を受けて、韓国政府と民間が共同で協定をめぐる交渉経過を検証するために設けられた。二〇〇五年に公表された民官共同委員会報告によれば、協定は基本的に日本の植民地支配賠償を請求するためのものではなく、サ条約第四条に基づく「日韓両国間の財政的・民事的債権債務関係を解決するためのもの」であったとした。そして、日本軍「慰安婦」問題等、日本政府・軍等の国家権力が関与した反人道的不法行為については、協定の対象に含まれておらず日本政府の法的責任が残っているとし、同様の問題として、サハリン同胞、原爆被害者問題をあげた。また、徴用工問題に関しては、日本政府が強制動員の法的賠償・補償を認めなかったため、韓国政府は「苦痛を受けた歴史的被害事実」に基づいて政治的次元で補償を要求し、このような要求が「無償資金の算定に反映された」とみなければならないとした。そして、協定一条の無償三億ドルには、「強制動員被害補償問題解決の性格の資金等が包括的に勘案されている」とみるべきであり、政府は受領した無償資金中相当金額を強制動員被害者の救済に使用すべき「道義的責任」があるとした。

これは、基本的には、大法院判決の個別意見と同様の見解と理解することも可能である。すなわち、徴用工問題の補償要求が「無償資金の算定に反映」され、無償三億ドルには「強制動員被害補償問題解決の性格の資金等が包括的に勘案されている」というのは、協定一条の経済協力資金は実質的にこのような損害賠償請求権まで含めた協定二条で定めた権利関係の解決に対する対価ないし補償としての性格をその中に含んでいるとした上で、徴用工の慰謝料請求権は協定二条一項の「請求権」に含まれているということを意味している。

また、韓国政府が受領した無償資金中相当金額を強制動員被害者の救済に使用すべき「道義的責任」があるというのは、協定二条一項で「完全かつ最終的に解決」したというのは、あくまでも国家の有する外交的保護権を放棄したのであり、被害者個人の賠償請求権は放棄していないことを意味している。仮に個人賠償請求権も放棄して消滅させたのであれば、韓国政府は被害者に正当な補償をすべき「法的責任」を負うことになるが、民官共同委員会報告が「道義的責任」を負うとしているのは、個人賠償請求権は法的には消滅していないからである。

日本政府は、無償三億ドルについて、賠償金ではなく経済協力であり、協定二条一項と対価性を有しないと述べている。日韓両国間で無償三億ドルの説明が異なっていることからすると、日韓両国の政府間で、無償三億ドルに徴用工の賠償金（慰謝料）問題を含ませたり、日本政府の代わりに韓国政府が徴用工問題を解決したりという合意や約束が成立したとはいえない。そのような約束をしたことを示す根拠もない。韓国政府が徴用工の救済を図ろうとしたのは、韓国政府と日本政府との約束によるのではなく、あくまでも韓国政府が自身の政治的配慮により、任意かつ自発的な取り組みとして行おうとしたといわざるを得ないのではないだろうか。

以上から、民官共同委員会報告は、韓国政府の是正責任を問う根拠となり得るものではない。

■日本政府の見解への反論

このように、植民地支配の不法性・不当性の問題や、被害者個人の賠償請求権問題が未解決であることは、日本政府も十分に了解しているはずである。しかし、あたかも全ての問題が完全に解決したかのように「解決済み論」を繰り返しているのは、市民をミスリーディングするものである。

また、日本政府も原爆訴訟などで個人賠償請求権は消滅していないと主張していたことからも、大法院判決が国際法に照らしてあり得ないとの批判も妥当しない。

さらに、個人賠償請求権を消滅させる「約束」はないのであるから、個人賠償請求権を認めた大法院判決をもって「約束を破った」という批判も妥当しない。また、韓国政府が日本政府に代わり日韓関係の悪化を是正すべき責任があるとの主張も妥当しない。

■徴用工問題の解決構想

徴用工問題の本質が人権問題である以上、国家間でいかなる合意をしようとも、被害者の要求を踏まえ、かつ、人権保障の国際水準を踏まえたものでなければ真の解決とはいえない。

日本政府及び日本企業は人権侵害の加害者としての法的責任がある。この責任は現在も消滅していない。少なくとも日本政府及び日本企業が自らの加害の事実を認め謝罪をすることが解決の出発点である。それなくして韓国のみに責任を押しつけるだけでは真の解決はあり得ない。

韓国政府は、徴用工被害者の個人賠償請求権の問題について、協定において最終的な解決を行うことができず、その後も、自発的に被害者の救済を図ろうとしたが不十分であり、いまだ救済されていない多数の被害者を放置してきた。韓国政府も救済に着手した以上それを遂行すべきであり、その努力を怠ってきた道義的・政治的責任がある。

韓国企業にも徴用工被害者の犠牲の下で無償三億・有償二億ドルの経済協力により利益を得てきたことへの責任を問う見解もある。

解決のために、日韓両国の政府及び企業がそれぞれの責任と役割を果たすことが求められている。

協定は、長期にわたる日韓会談を経て、最終的には、日韓両国の政治的思惑のもとに被害者個人の賠償問題を解決することなく合意に至った経緯がある。その後、徴用工被害者個人の賠償問題は潜在化したまま時間が経過してきたが、冷戦構造が崩壊し、国際人権法の進展も受けて国際社会においても国家のみならず個人の人権尊重が重視されるようになる中で、一九六五年の段階で解決せずに保留していた被害者個人の賠償問題が顕在化してきたのが今日の徴用工問題である。それに対して、国家的利益重視の旧態依然とした発想で対応しようとしても、もはや対応は不可能である。

そこには、国際社会においても個人の人権尊重を重視した新たな発想に基づく解決構想が求められている。

その一つが、ドイツの「記憶・責任・未来」基金や、中国人強制連行事件に関する花岡、西松、三菱マテリアルの基金などによる解決である。その解決などに照らせば、訴訟の原告だけではなく、原告同様の被害を受けた徴用工被害者全体の解決も十分に可能である。韓国と中国とで事情が異なるとの見解もあるが、法的関係には違いはなく、ことさら違いを強調して解決の道を塞《ふさ》ぐべきではない。

パンドラの箱は開きつつあるのであり、それは避けてとおることのできない課題である。ナチス・ドイツによる住民虐殺事件について和解により解決した例などをみると、たとえば、加害者であるドイツが加害の事実を認めて責任を痛感していることを明確に表明し、ナチスの責任を問い続ける言動を貫いているとして、被害者個人への賠償も不要である（イタリア・チビテッラ）、あるいは謝罪も不要である（フランス・オラドゥール）とした実践例が存在する。戦前の重大な人権侵害を解決する方法は多様である。それらも参考にしながら、人権尊重を軸に柔軟な発想で解決していくことが求められている。

悪化した日韓関係を改善するために、日本政府の「解決済み論」等に惑わされることなく、国家のみならず市民も含めて冷静に問題を分析し、真の解決に向けて共同して行動することが求められているのではないだろうか。

（かわかみ・しろう／『前衛』二〇一九年一二月号）

「徴用工」判決にどう向き合うか
——日韓請求権協定の経緯と日本の植民地支配責任

吉澤文寿（新潟国際情報大学教授）

■大法院判決をどう見るか

——二〇一八年一〇月三〇日の新日鐵住金を被告とした裁判の判決に続き、一一月二九日には三菱重工業を被告とした判決が韓国大法院（最高裁）で出され、その後も、地裁、高裁での判決が続いています。韓国の裁判所による元徴用工、女子挺身隊員への賠償命令が大きく注目されていますが、一連の裁判についてどう見るのか、お聞かせください。

［判決のポイント］

一〇月三〇日、韓国大法院の判決を聞いたときは、ほんとうに嬉しかったです。「朝鮮人強制労働被害者補償立法をめざす日韓共同行動」事務局長の矢野秀喜さんが私に電話で知らせてくれたのです。当日、私は校務をしていたのですが、ちょうど休み時間に「全面勝利です」という電話があったのです。原告ももちろんですが、長年、裁判を支援してきたすべての方々にとって待望の判決だったと思います。そのことを私は、『週刊金曜日』（一八年一一月九日号）の記事でも書いたのです。

さて、判決をどうみるかです。この判決のポイントになっているのは、「日本政府の韓半島に対する不法な植民地支配および侵略戦争の遂行に直結した日本企業の反人道的な不法行為を前提とする強制動員被害者の日本企業に対する慰謝料請求権」というフレーズです。

企業に対して慰謝料の支払いを命じたこの判決のポイントは三つです。一つは、侵略戦争と植民地支配の不法性、原告に対する日本企業の反人道的な不法行為が認定されたということです。二つ目は、日本政府が素早い反応を見せてはいるのですが、実際に訴えられているのは日本企業だということです。原告も個人ですから、基本的には企業と被害者個人の関係です。加害者である日本企業に対する被害者の原告の個人請求権が認定されたということです。三つ目は、これらが一九六五年の日韓請求権協定によって解決されていないということです。いろいろな記事で書いているように、これまでに日本政府も、個人請求権そのものはあるということは言っていました。ただ、一八年一一月二一日付の河野太郎外相のブログでは、この請求権が法的に救済されないと書かれています（https://www.taro.org/2018/11/日韓請求権・経済協力協定.php）。

しかし、今回の判決では、そもそもこの請求権が協定によって解決されていないと言っているので、韓国政府の外交保護権も残っているということになります。つまり、植民地支配のもとでの不法行為に対する慰謝料請求権は、日韓協定で話し合われたものではないから韓国政府の外交保護権もあるというわけです。そこに要点があると思います。

この一〇月三〇日の判決文はかなり長文で、日本語訳でも五〇ページ近くあります（山本晴太他『徴用工裁判と日韓請求権協定　韓国大法院判決を読み解く』現代人文社、二〇一九年、収録）。後で詳しくふれますが、そのなかで、「②サンフランシスコ条約締結後、まもなく第一次韓日会談（1952年2

月15日から同年4月25日まで）開かれたが、その際に韓国側が提示した8項目も基本的に韓日両国間の財政的・民事的債務関係に関するものであった。上記の8項目中第5項に『被徴用韓国人の未収金、補償金およびその他の請求権の弁済請求』という文言があるが、8項目の他の部分のどこにも日本植民地支配の不法性を前提とする内容はないから、上記第5項の部分も日本側の不法行為を前提とするものではなかったと考えられる。従って、上記の『被徴用韓国人の未収金、補償金およびその他の請求権の弁済請求』に強制動員慰謝料請求権まで含まれるとは言いがたい」（同前、一四六ページ）という指摘があったことも重要だと思います。

日韓基本条約、日韓請求権協定については、戦後、当時の日本と韓国の外交当事者の間で、一〇年以上にわたって交渉が行われました。その間、どういった形で条文化するかという議論がなされていたわけですが、最終的に、日本側の主張が一〇〇％韓国側に受け入れられたというわけでは決してなかったのです。お互いに妥協しながら条文をつくった結果でもありました。その内容についても、今回、あらためて注目したいと思います。

［判決にいたる経緯をふり返る］

この判決にいたる過程をふり返ると、原告はまず日本で裁判を行いました。徴用労働の過酷な実態は、これまでもさまざまな形で明らかにされてきています。日本の裁判でも、三菱広島元徴用工被爆者訴訟一審判決では、有刺鉄線で囲まれた寮に入れられ、軍隊式に引率されて工場に通い、食事は日本人工員と差別され、腐敗した飯を食べさせられて騒動になったことや、給与の半分は家族に送ると言われていたが、実際には送られていなかったこと、被爆すると三菱は原告らを放置し、原告らは闇船に乗るなどして自力で帰郷し、その後被爆の後遺症に悩まされている者が多いなどについての事実認定はされています。しかし、賠償はできないとされてきたのです。

しかし、個人請求権については、山本晴太弁護士のホームページ「法律事務所の資料棚《アーカイブ》」（http://justice.skr.jp/seikyuuken-top.html）で紹介している論文（「日韓両国政府の日韓請求権協定解釈の変遷」、山本他前掲書所収）などにも詳しいのですが、日本政府も消滅していないと言ってきました。よく知られているのが、一九九一年八月二七日の参議院予算委員会における外務省柳井俊二条約局長の「……日韓請求権協定におきまして両国間の請求権の問題は最終かつ完全に解決したわけでございます。その意味するところでございますが、日韓両国間において存在しておりましたそれぞれの国民の請求権を含めて解決したということでございますけれども、これは……これは日韓両国が国家として持っております外交保護権を相互に放棄したということでございます。したがいまして、いわゆる個人の請求権そのものを国内法的な意味で消滅させたというものではございません」という答弁です。もともと、この解釈は、原爆やシベリア抑留の日本人被害者から賠償を求められた日本政府が「あなたたちの個人請求権はあります。加害国の法律に従って手続きすればいい」と回答したものです。

ところが韓国から日本に対して請求がされると、「もうそれは日韓請求権協定で解決済み」とする。これまでも、日本は、いろいろなロジックで賠償を拒絶してきました。たとえば、「大日本帝国憲法下では国家が不法行為責任を負わない」（国家無答責）というロジックです。あるいは被害者の請求権が時効であると言ってきました。それが二〇〇〇年代から、「二国間協定で解決済み」というようになりました。とくに韓国の被害者については、「日韓請求権協定で終わっている」というようになっています。

そこで被害者たちによって、「では、その日韓請求権協定が、日韓間でどのようなやりとりがあり、どのようにして結ばれたのか。その交渉過程を明らかにする文書を公開せよ」と政府に要求する訴訟が韓国で行われたのです。その結果、二〇〇四年二月に、ソウル行政法院で原告一部勝訴判決が出されました。これを受けて、当時の盧《ノ》武《ム》鉉《ヒョン》政権下の外交通商部は二〇〇五年一月に五件の文書を開示したのに続き、八月に全面的な文書開示を行いました。これらの文書を検討した「韓日会談文書公開後続対策関連民官共同委員会」は、日韓請求権協定で日本軍「慰安婦」問題や在韓被爆者問題、サハリン残留韓国人の問題などが解決していないとしています。そうした問題だけが解決されていないということではなく、それらは、「日本政府と軍隊など日本国家権力が関与した反人道的な不法行為」の一例として挙げられたものと言えます。要は、日韓請求権協定は、日本の植民地支配が合法であるということが前提になって結ばれたものであるから、不法な日本の支配の下で行われた企業の不法行為によって生じた被害に対する賠償請求などは、この協定の範囲の外であるということです。

原告たちは、韓国の裁判所に訴え、そこで今回の慰謝料請求権が問われていたのですが、二〇一二年には、韓国大法院が、下級審の判決を差し戻すという形で、植民地支配下の日本企業による徴用工の賠償請求を初めて認める決定をします。ところが、朴槿恵《パククネ》政権時代には、なかなか最高裁の判決が出ないという状況が続き、私の知り合いのあいだでも、「判決はずっと出ないのではないか。うやむやになってしまうのではないか」ということもささやかれていました。しかし、朴槿恵政権が大統領みずからの不正が追及されて打倒され、いまの文在寅《ムンジエイン》政権が誕生する。司法に対しても、国民の要求が強まり、司法改革もきちんと行われるべきだという流れのなかで、今回の判決に至ったのだと思います。

■日韓請求権協定はどう結ばれたのか

──つまり、両国とも個人請求権は消滅していないとしながらも、日韓請求権協定の解釈ではくいちがいがあるということですね。その一九六五年の日韓基本条約と請求権協定は、どのようなもとで結ばれ、どんな議論があったのでしょうか。

〔被害に向き合ったのか〕

そもそも請求権交渉の土台となっているのは、サンフランシスコ講和条約です。その第四条（a）には、次のようにあります。

「この条の（b）の規定を留保して、日本国及びその国民の財産で第二条に掲げる地域にあるもの並びに日本国及びその国民の請求権（債権を含む）で現にこれらの地域の施政を行つている当局及びそこの住民（法人を含む）に対するものの処理並びに日本国におけるこれらの当局及び住民の財産並びに日本国及びその国民に対するこれらの当局及び住民の請求権（債権を含む）の処理は、日本国とこれらの当局との間の特別取極の主題とする」。

つまり、日本と、かつて日本が支配していたところにある行政当局が、お互いの請求権について話し合えとしか書かれておらず、植民地支配の賠償などについては具体的には書かれていなかったのです。おそらく、それは、起草したアメリカやイギリスなど欧米諸国が植民地を持っていた国だったという事情があるからでしょう。また、アジアにおける冷戦のもとで、朝鮮戦争を戦っていたアメリカが日本を重要な同盟国にするという目的がありました。さらに、アメリカは、当時、日本を援助していて、日本が賠償を支払うことになると、アメリカの援護がその賠償に回されることを嫌ったということもあると言われています。

日本と韓国の交渉は、とにかくそういうところからスタートしました。日本は、当初から、植民地支配に対して賠償することはないというスタンスでした。一方、韓国はフィリピンなどアジア・太平洋戦争の被害国と違い、三六年間も日本に支配されてきた、その植民地支配は不法であったという立場です。

具体的な請求項目を話し合う際に、日本側は、朝鮮に残してきた財産も主張しようとしました。しかし、それは講和条約四条（b）で「日本国は、第二条及び第三条に掲げる地域のいずれかにある合衆国軍政府により、又はその指令に従つて行われた日本国及びその国民の財産の処理の効力を承認する」とされており、放棄することになっています。日本側が、この問題を主張し続けて韓国側を激怒させ、その後撤回するという経緯がありました。一方、韓国側もそのような日本側の姿勢を考慮して、請求項目を厳選して日本に対して主張していました。

韓国側の具体的な請求リストは「対日請求要綱（八項目）」と言われています。そこには朝鮮銀行が日本に搬出した地金、地銀の返還請求等もあるのですが、それらの多くが植民地支配下の法律関係が前提になっていると考えていいものなのです。とくに個人請求権と関連する項目は、まず逓信局関係にある郵便貯金などの財産です。さらに第五項に「国債・公債・日本銀行券、非徴用韓人の未収金（未払い金）、補償金及びその他の請求権の弁済」とありますが、ここでいう補償金は、とくに死亡者と負傷者について、日本の「戦傷病者戦没者遺族等援護法」の規定などを参考にして請求金額を算定しました。交渉の過程で、日本側が当時の植民地支配下で法的に根拠のある請求だけ受け付けるという態度を示したことに対し、韓国側が、日本側にそのような「法的根拠」が説明できるものを選んで請求項目として主張したのです。だからこの八項目は、今回の慰謝料とは性格が違うのです。

しかも、この議論は、一年ぐらいで打ち切られ、日本側としては経済協力で解決するという話になります。経済協力は、五〇年代から他のアジア諸国との賠償協定で実践されていた方式です。賠償協定の場合は明確に「賠償」だと書けるが、日本側としては植民地支配が賠償の対象ではないと考えているから、「植民地支配被害への賠償」とは書けない。したがって、「請求権の対価」とも書けない。しかし、当時、朝鮮民主主義人民共和国（北朝鮮）が経済発展している様子もあり、韓国への経済的なテコ入れの必要性から、韓国に経済協力をすることが、アメリカからの要請でもありました。この点では、アメリカ・日本・韓国は一致していたのです。

こうして経済協力を実施するという方向に進んでいきます。日本では、日韓基本条約および諸協定が結ばれたのを受け、椎名悦三郎外相が一九六五年一一月一九日参議院本会議で「新しい国の出発を祝うという点において、この経済協力を認めたのでございます」と答弁したように、国内的には「請求権の対価ではない」「独立の祝い金」だと説明される。一方、韓国では、当時の朴正熙《パクチヨンヒ》政権は、この経済協力を「請求権資金」と呼びながら、被害者への補償を後回しにして、徹底的に経済開発に回すことになっていくのです。

結局、この請求権協定の交渉を見れば、それが植民地支配の下で徴用された人びとに向き合ったわけではないことがわかるのではないでしょうか。たしかに、徴用といっても、いわゆる国民徴用令による「徴用」だけではなく、募集や官斡旋などいろいろなケースがあったことは事実です。日本の侵略戦争を遂行するうえで、どうしても工場をはじめとする労働現場を稼働させなければいけない。そこに必要な労働力を配置するのは国策だった。ところが、植民地朝鮮ではそのような労働力を動員するためのシステムが整っていないから、募集や官斡旋という形式になったのにすぎません。それはけっして労働者の自発的な意志のみに任せるような人集めではなかったのです。

いずれにしろ、この請求権協定は、日本側の姿勢としては、植民地支配は合法であって、何ら瑕疵《かし》がないという考えでまとめたものです。これに対し、問われているのは、その当時の被害者が実際にどんな経験をしたのか、なぜ被害者が謝罪・補償を求めているのかということです。それは、ただ払っていないお金を返してくれという話ではないのです。そこが今回の大法院判決でも、いちばんの核心として、理解が広がらなければならない点だと思います。

［かなり強引な日本の協定解釈］

ところが、安倍晋三首相を先頭に、日本政府は、「あり得ない判決だ」「韓国の大法院が言っていることは国際法違反だ」とお門違いの発言をくりかえしています。そもそも韓国の司法による判決に対して、韓国政府に抗議するなど、三権分立からいってもおかしな話です。しかし、そういうことは、さておいても、日本の協定の解釈は、かなり強引だと思います。

日韓請求権協定の前文を見れば、「日本国及び大韓民国は、両国及びその国民の財産並びに両国及びその国民の間の請求権に関する問題を解決することを希望し、両国間の経済協力を増進することを希望して、次のとおり協定した」とあります。請求権の問題の解決と経済協力は併記されていて、関連づけてはいないのです。経済協力をすることによって請求権問題が解決するとは書いていない。そもそも経済協力は、対象国の経済を発展させるために行うものですから、それ自体は請求権問題の解決にならないのはあたり前なのです。

協定の条文を見ても、第一条では、日本が無償三億ドル、有償二億ドルを一〇年間かけて供与するという内容になっています。日本の外務省のホームページの「大韓民国大法院による日本企業に対する判決確定について」（外務大臣談話）というところを見ると、そこではこの請求権協定第二条の一と三だけを紹介しています。同協定第二条の一は、両国および両国民の財産、権利、および利益ならびに請求権に関する問題が「完全かつ最終的に解決された」というものです。同条の二は、日本にいる韓国人、韓国にいる日本人の問題は、この協定の対象外だということを言っています。同条の三では、「（請求権の問題については）いかなる主張もすることができないものとする」とあります。一見請求権などの問題は「完全かつ最終的に解決され」「いかなる主張もすることができない」というように読めます。しかし、まず、この三ですが、これは北朝鮮との関係を意識した規定だと考えています。韓国側は、交渉で当初、北半分の分まで請求しようとしていました。しかし、日本側は、その分について、北朝鮮の当局と交渉する問題だと主張しました。この姿勢の背景には、先ほどの法的根拠のある主張だけ受け付けるということとともに、韓国側の請求金額をできる限り減らそうとしたことがあります。だから条文には、「締約国の管轄の下にあるものに対する」という表現があるのです。韓国の憲法上は、領土は「韓半島とその付属島嶼」だと書いてあります。しかし、実際に管轄しているのは軍事境界線よりも南です。また、日本側は、戦前に朝鮮にいて、その後第三国に行った朝鮮人の請求権についても主張させまいとしました。日本側が「管轄」という言葉にこだわったのは、そのような意図があります。したがって、そのことをもって、個人のすべての請求権が消滅したと考えるのは無理があります。

日韓請求権協定合意議事録を読めばさらに大事なことがわかります。そこでは、この協定二条の解釈について、「『財産・権利及び利益』とは、法律上の根拠に基づき財産的価値を認められるすべての種類の実体的権利」としたうえで、請求権についても言及しています。もともと日本側は、請求権という言葉には、実体的権利以外のすべてあらゆるものが含まれると考えていて、それは日本側の外交文書のなかで、日本側の官僚が発言していたこととして記録されています。しかし、それが韓国側と合意がなされていたのかはどうも怪しいのです。合意議事録では、「日韓会談において韓国側から提出された『韓国の対日請求要綱』（いわゆる八項目）の範囲に属するすべての請求が含まれており、したがって、同対日請求要綱に関しては、いかなる主張もなしえない」とある。どう見ても、「同対日請求要綱」に関しては、「いかなる主張もなしえない」としか読めないのです。

ところが、先ほど述べたように、この八項目は、植民地支配が合法であることを前提にしたものについての項目です。そのことについては、「いかなる主張もなしえない」となると、日本側としては植民地支配が合法だと考えているわけですから、その前提の下で韓国側は何も言えないということになります。だから日本側は、請求権協定ですべて解決済みだという主張になる。日本側の立場としては、おのずから導き出されるロジックです。

韓国としては、この協定を結んだ後も、いろいろな請求があり得るので、日本側に誠実に対処する確約を条文のなかに入れたかったはずです。しかし、日本側が認められないと言っていたため、条文では明記されませんでした。だから、もし、この協定の範囲外の請求が出てきたときにどう対処するのかについては、日本と韓国で合意ができていたとは言えないのではないか。日本では、いまだ不開示の文書もあるのですが、少なくとも現在までに開示された文書を見ても、韓国側と合意をしたと読めるものではないと思います。

このように、そもそも日本と韓国との間で請求権の解釈の食い違いがあります。植民地支配に対する合法性・不法性という部分で、立場が違うわけです。それは、お互いにわかってはいたことです。二〇〇〇年代に入り、それが、いよいよ明確になってきたのは、日本側で、日本人が日本政府に国内補償を求める声が小さくなり、政府としては、先にもふれた柳井俊二条約局長の個人請求権は消滅していないという答弁ではなく、現在のように「いかなる主張もなしえない」ということを強調してもいいと判断したからだと思います。一方、韓国側としても、先に述べたような経過で、関連文書の公開がすすみ、日韓協定の内容にかんして曖昧《あいまい》であった部分についてあらためて確認していくようになっていきます。

条文の問題として、日韓請求権協定第三条にも注目すべきです。日本側は、いきなり国際司法裁判所に提訴するとか、韓国の財産を差し押さえるなどと言っています。しかし、同協定第三条には、「この協定の解釈及び実施に関する両締約国間の紛争は、まず、外交上の経路を通じて解決するものとする」としているのです。さらにそこで解決しなければ、「仲裁委員会に決定のため付託するものとする」とあるのです。そして、「両締約国政府は、この条の規定に基づく仲裁委員会の決定に服するものとする」とある。協定の問題を解決するのであれば、被害者が置かれている実情に即して、両国が冷静に話し合おうとすべきです。

日本政府は二〇一九年一月九日、韓国政府に対して日韓請求権協定第三条一に基づく外交交渉を要請してきました。しかしながら、この条文には期限が定められていないにもかかわらず、同年五月二〇日、日本政府は上記の外交交渉で解決できなかったと独断して、同協定第三条二に基づく仲裁付託を一方的に通告しました。韓国政府はいまだに同協定第三条一に基づく外交交渉が継続しているという立場であると解釈できます（太田修「韓国大法院と再現する暴力について」『歴史学研究』第九九二号、二〇二〇年一月）。日本政府の交渉姿勢は、韓国政府を交渉相手として誠意をもって向き合っているとは言い難いです。

■植民地支配をどう考えるのか

――個人請求権の問題とともに、あらためて植民地支配をどう考えるかという点も問われている問題だと思いますが。

［韓国側の不法性の主張は一理ある］

韓国の植民地化は、世界的に見ても特殊なケースだと思います。欧州では、イギリスによるアイルランド併合などの事例を除き、ヨーロッパ内のどこかの国を植民地にすることはありませんでした。ヨーロッパ以外の地域を自分たちで勝手に分割し、植民地にするということをやったわけです。ところが一九一〇年の日本の韓国併合は、隣国を支配下においた。その経緯は、一八七六年の江華島条約（日朝修好条規）にまで遡ることもできなくはありませんが、具体的なプロセスは日露戦争以降です。一九〇四年の第一次日韓協約で日本の外交顧問や財務顧問などをつけ、日露戦争終了後、一九〇五年に第二次協約で保護国にしていった。しかも、そうしたことが、韓国政府の同意を得て行われたというより、武力による強制という暴力的な形で、条約を結び、すすめられていった経緯があります。

最終的に、植民地にするさいには、韓国併合条約が結ばれます。すでに外交権を奪われた国と条約を結ぶという変則的な形であり、韓国の皇帝が日本の天皇に統治権を譲り、日本の天皇がそれを引き受けるという形式での条約が結ばれた。しかも、当時の国際社会は、「狼のばっこする無法地帯」と言われたような、列強が植民地支配していた時代のものです。ですから、こうした変則的な条約について何も言われないで通用したのです。たぶん、それと同じことを現在やったら、とんでもないことになるものです。しかも、韓国側としては（北朝鮮もそうですが）、日本の事実上の保護国になったとされる一九〇五年当時から、その協定が強制された不当なものということを国際社会に対してずっと主張し続けているのです。私は、こうした韓国側の不法性の主張は一理あると考えています。

そうした植民地支配そのものがいま問われているのです。二一世紀に入り、南アフリカのダーバン会議（二〇〇一年、反人種主義・差別撤廃世界会議）が開かれ、奴隷制の問題や植民地支配の問題が問われ始め、ヨーロッパ諸国も、それに対応せざるを得なくなっています。今後は、植民地支配が正当か不当か、合法か不法かということを問うことそのものがだんだん無意味になっていくかもしれません。かつて植民地だった地域の人々の成長とともに、植民地支配そのものは、戦争と同じように、あってはならない許されないものという認識がますます広がっていくのではないかという気がするのです。


［植民地支配認識のダブル・スタンダード］

ところが日本政府は、こうした流れに大きく取り残されていると思います。

一九六五年二月、日韓基本条約の仮調印のさい、日韓共同声明を発表しています。このエッセンスは椎名悦三郎外相のソウルへのランディング・ステートメントとして注目されてきたものです。この声明そのものは一般に知られてこなかったのではないでしょうか。意外に思われるかもしれませんが、日本政府は一九六五年以来、ずっとこの立場を維持しています。すなわち、「過去のある期間に両国民間に不幸な関係があった」「このような過去の関係は遺憾であって、深く反省している」という内容なのです。

一橋大学の吉田裕先生が「戦争責任におけるダブル・スタンダード」（『日本人の戦争観　戦後史のなかの変容』岩波書店、一九九五年、八二頁）という議論をされています。私はこの指摘が植民地支配認識についてもあてはまると思います。吉田先生のそれは、サンフランシスコ講和条約では東京裁判の結果を受け入れているが、日本国内では東京裁判を批判する言論が生き延びていることを指摘したものでした。同じように植民地支配についても、韓国に対しては、「遺憾であって」「深く反省する」と言いながら、日本国内では「植民地支配はよかった」という政治家の言説がくり返されています。そういう、植民地支配認識のダブル・スタンダードがあるのです。

しかも、この共同声明は、日本に法的義務が発生しないよう、植民地支配には法的に責任があると読めるようなことがないよう、よく練られたものになっています。その後、戦後五〇年の村山富市首相談話は、よく注目されますが、法的義務を負わないという点でいえば、植民地支配と侵略がアジア諸国に与えた多大の損害と苦痛に対する「痛切な反省」と「心からのお詫び」を述べた村山談話も、一九六五年日韓共同声明をより詳しくしたにとどまっています。こうして日本政府の立場として、補償関係は日韓協定で終わっているのだが、人道的に対応するというスタンスがつくられていきます。

このことは一貫していると言えます。

そのうえに、現在の安倍政権は、さらに後ろ向きの態度に終始しているのです。第一次、第二次安倍政権は、まず日本軍「慰安婦」の強制性について、強制性を狭義と広義に分け、trafficking（人身売買）のようなものだけが強制として、その意味を狭める説明をしてきました。第二次政権以降には、戦後七〇年の安倍談話（二〇一五年）を発表し、村山談話を事実的に死文化させようとしました。ただあの長々しい談話にもかかわらず、植民地支配への反省についてはいっさい言及していません。「戦火を交えた国々でも、将来ある若者たちの命が、数知れず失われました。中国、東南アジア、太平洋の島々など、戦場となった地域では、戦闘のみならず、食糧難などにより、多くの無辜《むこ》の民が苦しみ、犠牲となりました」と曖昧に言っているだけです。二〇一〇年の韓国併合一〇〇年の際に、植民地支配の問題について出された菅直人首相談話が「この植民地支配がもたらした多大の損害と苦痛に対し、ここに改めて痛切な反省と心からのお詫びの気持ちを表明いたします」としたことなど、過去の話だといわんばかりの内容でした。

日本軍「慰安婦」に関する河野洋平内閣官房長官談話（一九九三年）の希釈化もおこなわれています。事実上、河野談話の implication（意味合い）をことごとく弱めていく。それは談話の「検証作業」（二〇一四年）や同年の朝日新聞バッシングという形で、おこなわれてきました。最近では、「慰安婦」についても強制性を弱め、被害者の自発性を強調するような認識を発表したりしています。これは外務省の役人も発言しています。

強制労働については forced labor（強制労働）とは絶対に言わせない。明治日本の産業革命遺産の世界遺産登録でも、韓国からの指摘で、この点が問題になりましたが、日本側は「強制労働」の表現を避け、「労働を強いられた」(forced to work) 人々がいたことを表明するということがおこなわれ、朝鮮人の人権侵害に対する責任が生じないようなフレーズを示したのです。これは安倍政権になってからの特徴で、民主党政権のときはそういうことを抑制していたと思います。

二〇一五年の日韓「慰安婦」合意にしても、被害者からは到底受け入れられないようなものになっていました。

こうしたことには、いまの政権がどういう歴史認識を持っているかということと関連があると思います。

■いま日本に求められること

――判決をうけ、いま問われるのは植民地支配のもとで苦しんだ被害者の救済をどうすすめるかということだと思います。この点で世界の動向や日本に求められていることについてお話しください。

[植民地支配に対する賠償は広がっている]

世界を見ると、いま植民地支配に対する賠償は少しずつ広がっています。二〇〇八年にイタリアがリビアに対して賠償金を提示する例や、イギリス統治下のケニアで独立運動・マウマウ団に対する弾圧が行われたことに、二〇一三年にイギリス政府が遺憾の意を表明し、被害者に対して補償金を支払うという事例があります。いままで植民地だった国が、どんどん独立し、国際社会で発言権を強化していることがその背景にあります。こうした世界の構造の変化のもとで、日本は、国連の人権委員会をはじめ各種委員会から、日本軍「慰安婦」などの被害者に向き合うようにたびたび勧告を受けているのです。

しかも、今回の韓国大法院の判決は、慰謝料についてです。未払い賃金の補償などではないのです。慰謝料というものを、日本に代わって韓国政府が払うのはおかしな話です。そもそも日本企業に対する慰謝料請求を韓国政府が代わりに払うというのはロジックとして理解できないものです。実際に、韓国政府は真相究明をおこない見舞金をすでに払っているのです。

しかし、そうかと言って、現在のような状況では、日本企業なり政府なりがすすんで謝罪をし、慰謝料を払うことにはなかなかならないかもしれません。そこで、韓国のなかでも言われているのが、基金をつくるという方式です。以前につくられた「日帝強制動員被害者支援財団」が運営する基金などを活用したり、新たな基金を設立したりして、そこに日本企業や政府から出資をするということが提案されています。

たしかに慰謝料についてはそういうことで対処できるのでしょう。しかし、問題は、加害者と被害者の関係が清算されない限り、終わらないということです。加害者と被害者は現在の日本国民と韓国国民全体ではありません。そうではなく、当時の被害者と当時の加害責任を請け負っている側の問題なのです。いまの日本企業が訴えられているのは、その会社が責任を引き継いでいる存在だからです。このことが、きちんと説明されないまま、あたかも自国が貶められたとニュースを聞いて怒っている人たちがいるのです。誤解から生じるナショナリズムの増幅作用がおこっています。問題の本質を冷静に確認したうえで、政府が介入することも含め、対処したらいいのではないでしょうか。

そもそも、日本政府もこれまで、植民地支配のもとで、過酷な実態があることを認め、そのことに対する、ある程度の対処は、おこなってきたはずです。不十分なものだったとはいえ、アジア女性基金もつくったし、日韓「慰安婦」合意もおこないました。なぜ今回は最初から門前払いなのでしょうか。そもそも日韓協定で全部解決済みであるというのなら、いま言ったようなことをやる必要はないはずです。もちろん、最初からそんなことはやらなければよかったという評論家もいるようです。しかし、それは到底無理だったと思います。一九六五年当時はアジア・太平洋戦争と植民地支配が終わってから二〇年しか経っていない時期です。まだ被害者がたくさんいて、当時の記憶を持っている人もたくさんいた。だから、日韓協定で全部お終いにはならなかったのです。それが、いまの日本でも韓国でも、一九四五年の記憶がある人は人口の一割ぐらいしかいないと言われています。日本政府の強硬な態度には、そういうことも背景にあるかもしれません。

［加害・被害の関係をどう解決するのかの議論を］

いずれにしろ、いま日本において必要なことは、この問題がなにより人権の問題だということを確認することだと思います。今回の大法院判決が出たことで、日韓関係はどうなのかみたいな問題の立て方そのものが、私は間違っていると思います。最初からボタンがかけ違えられている。国民感情がどうなるのか、国家間関係がどうなるかという話ではなく、韓国の被害者が日本の企業を訴えている、その加害、被害関係をどう解決するのかをきちんと議論しなければいけない。

そういうことをしない一方で、この問題が自治体に飛び火をして、日韓交流が取りやめになったりということも起こっているのは、ほんとうに残念です。新潟でも、韓国をはじめほかの国の自治体との交流を積極的に準備してすすめている人たちがいます。そういう人たちからすると、こういうことのために交流が中止になるというのは、それこそ「あり得ない」話なのです。世論が勝手に過熱して、自治体交流が中止になるというのは一番ひどいパターンだと思います。まずそういうことをなくしてもらいたいと思います。

そして問題は、加害・被害の関係をどう解消し、被害者の人権を救うかということになると思います。そのことは、いまの「外国人材」、入管法「改正」の問題とつながってくるのではないでしょうか。歴史的な、強制労働問題をきちんと処理していないので、同じことをくり返している。

労働力が必要であるという認識があり、そのもとでいろいろ法整備をしていこうとしているわけですが、それがいろいろな不備があるという指摘があるにもかかわらず国会通過が強行される。それは、かつてと同じです。先ほども言いましたが、事実上の徴用であったにもかかわらず、朝鮮半島では、募集形式でやらざるを得なかったのは、労働力動員の体制もなかったし、人的資源もなかったからです。農業地帯だから、人が余っていると考え、朝鮮総督府も移住労働者の枠をつくりましたが、その推計は、数字として全然間違っていて、その認識は根本的に違っていた。その結果、警察権力に頼らざるを得なかった。企業が募集をかけるだけでは人は集まらないため、どうしても現地の権力と結託をするしかなかったのです。

今回の「外国人材」の問題でも、この間の、実習生の問題では、現地のブローカーがいて、その人たちが集めることについては、日本政府はノータッチです。日本の企業がやっていることについても、日本政府はほとんど関心を持っていないようです。そこに酷い実態がある。労働力を集めるという部分について、本当に何も学んでいない。だからくり返されているのだとしか言いようがありません。

これからの日本に求められることは、人権重視の姿勢です。いまの政権は、グローバル化時代における日本のプレゼンスをアピールしようとしています。それは日本のナショナリズムの裏返しで、国際的な舞台で、日本をどれだけ広報できるかというスタンスだと思います。しかし、その日本がアピールできるポイントのなかで、人権という問題がすごく低いところにおかれているのではないでしょうか。しかしグローバル・スタンダードから言えば、人権問題にきちんと対処することによってこそ、信頼が得られるのではないか。やる気のない日本政府に、やる気を持たせるためにも、そういう動機づけも必要かもしれません。

私はよく論文などで、「ポジティブ・ピース」（積極的平和）という言葉を使います。戦争が起きないというだけの平和ではなく、いま暮らしている人が平和に暮らせるということはどういうことなのか、貧困をなくすとか、人権を尊重するとかいう部分についても目配りをした平和政策が必要ではないかという主張です。安倍首相も、「終戦記念日の談話」などでは「平和」と言っています。そうであるならば、ぜひ「人権」の重視という点でも、きちんとした実践をすべきだろうと思います。

（よしざわ・ふみとし／『前衛』二〇一九年二月号）

日韓請求権協定で「解決ずみ」なのか

太田　修（同志社大学教授）

■強制動員被害者の歴史と向き合う

――二〇一八年一〇月三〇日、いわゆる「徴用工」問題について韓国大法院が被害者の訴えを認め、新日鐵住金（日本製鉄）に対して賠償を命じる判決を確定させて以降、日韓関係は「最悪」とも言われる状況にあります。判決後の状況をどのように見ていますか。

「徴用工」とは

最初に「徴用工」という名称についてですが、韓国大法院の判決以降、日本のメディアが「徴用工」という呼び方をするなかで、一般の人たちも使うようになっています。私も、講演するときには、タイトルに「徴用工」とつけざるを得なくなっています。この「徴用工」という言葉は、間違った用語というわけではありませんが、適切ではないと思っています。韓国では「強制動員被害者」、あるいは「強制徴用被害者」がよく使われているようです。日本でも「強制動員被害者」と呼ぶ人もいます。東京大学の外村大《とのむらまさる》さんが、大法院判決を受けて、「徴用工」という名称は適切でない、戦時労務動員被害者という名称を使うべきではないかと提案されていて、私もその方向で考えています。軍人・軍属も含んでしまいますが、私は今のところ強制動員被害者を使っています。

これまでの歴史研究では、朝鮮人の強制動員――強制連行という用語も使われます――は、一九三九年の「募集」という方法によってはじまったことが定説になっています。「募集」というのは、各事業所が募集をするのですが、実際には、総督府の中央官庁などが関与し、割当動員数が設定され、その達成をめざして集めるというものでした。法制度としては、朝鮮総督府令の労働者募集取締規則――後に職業紹介令に変わる――にもとづいておこなわれていました。二つ目が「官斡旋」で、一九四二年からはじまりました。総督府の外郭団体の朝鮮労務協会が動員計画にもとづいて人員を集めるというもので、各事業所に割り振るということをおこなっていました。法令としては総督府内部の要綱にもとづいておこなわれていました。そして最後に「徴用」です。「徴用」は、一九三八年に制定施行された国家総動員法の第四条「政府は戦争時には、国家総動員上必要な時は、勅令が定めることによって国民を徴用して、国家総動員業務につかせることができる」（口語訳）との規定にもとづいて、翌三九年に出された国民徴用令によるものです。ただ、当初その適用は日本国内に限られていて、四四年八月に閣議決定で、朝鮮にも適用することとなり、九月から朝鮮人の動員もはじまることになるのです。

この「徴用工」という言葉については、日本政府は、大法院判決翌々日に、国会で安倍首相が答弁をしています。そのとき、安倍首相は、「政府としては、徴用工という表現ではなくて、旧朝鮮半島出身労働者の問題というふうに申し上げているわけでございますが、これは、当時の国家総動員法下の国民徴用令においては募集と官あっせんと徴用がございましたが、実際、今般の裁判の原告四名はいずれも募集に応じたものであることから、朝鮮半島の出身労働者問題、こう言わせていただいているところでございます」（二〇一八年一一月一日、衆議院予算委員会）と言ったのです。

しかし、ここにはいくつかの間違いがあります。まず、国民徴用令による「募集」や「官斡旋」というものはありえません。つまり、首相は当時の法制度を理解していないということです。おそらく、官僚が作文したものだろうと思いますが、そうであれば官僚が理解していなかったということになります。そして、いちばん大きな間違いは、徴用工ではないという断定です。おそらく安倍首相は、原告らは国民徴用令の朝鮮への適用（一九四四年九月）以前に渡日しているので、徴用ではないと言ったのだと思います。しかし、当時の日本政府は一九四三年一二月には「軍需会社法・軍需会社徴用規則」を公布施行し、政府が指定した軍需会社の労働者を徴用とみなす（＝現員徴用）としています。裁判の被告・日本製鉄は、一九四四年の一月に軍需会社に指定されたので、日本製鉄で働いていた原告たちも、徴用工になっているのです。安倍首相が「徴用工」でないように言っているのは歴史事実を踏まえない間違いなのです。

こうした政府の議論だけでなく、「徴用工」という名称を使うと、どうしても一九四四年九月からの「徴用」、あるいは現員徴用を含め、一九四三年終わりごろからのものに限定して理解しがちになります。一九三九年からの「募集」や一九四二年からの「官斡旋」で動員された労働者のことが除外されて理解されかねず、被害者を狭めてしまうということになるのです。「徴用工」という用語より、強制動員被害者、あるいは強制動員労働者と言うべきだろうと私は考えています。

［違法な強制労働が強いられていた］

もう一つ、私がこの問題を考えるうえで大事だと思っているのが次の点です。私が所属する朝鮮史研究会という学会が、二〇一九年一〇月二九日に出した「韓国大法院判決への日本政府・当該企業・メディアの対応に対する声明」の第一項でも言っているのですが、「植民地支配下の戦時強制動員・強制労働の歴史を公正に語るべき」だということです。

二〇一八年の大法院判決は、不法な植民地支配下での戦時強制動員・強制労働への損害賠償（慰謝料）が一九六五年の日韓請求権協定では未解決だとしています。判決は、加害企業の反人道的行為があったことを認め、被害者の人権の回復を求めるものだったと言えます。これに対して、日本政府と日本の多くの主要メディアは、日韓請求権協定で「解決ずみ」との主張を繰り返すだけで、かつての日本による反人道的行為や被害者らの人権侵害の歴史についてはほとんど語ろうとしていません。実際に、大法院判決以降、今日まで、それに向き合おうとしているいくつかのメディアを除けば、多くのメディアは、その歴史については報道しようとしていないのです。

これまでの歴史研究では、多くの朝鮮人が「募集」や「官斡旋」、「徴用」などによって強制動員され、厳重な監視の下で苛酷な労働を強いられていたことが明らかにされています。そして、日本の裁判所の判決でも、その違法な強制労働があったということは事実認定されているのです。ならば、日本政府とメディアは、被害者がなぜ強制動員・強制労働をさせられたのか、学術研究にもとづいて歴史を公正に語る必要があるのです。そのことを語らないで「解決ずみ」だと言い続けることは、日本の加害行為や被害者らの人権侵害の歴史を隠蔽《いんぺい》してしまうことになるのではないでしょうか。それがなされていないというのが大きな問題だと思っています。

［日本の世論も大きな課題］

朝日新聞が九月半ばにおこなった世論調査（二〇一九年九月一七日付）によると、「あなたは、韓国が好きですか。嫌いですか。特にどちらでもないですか」との問いに、一八歳〜二九歳で、「好き」が二三％、「嫌い」が一三％と、好きが上回っているのですが、年代があがるほど「好き」は減少し、三〇代で一七％、四〇代で一二％、五〇代で一一％、六〇代で一〇％、七〇歳以上で七％です。「嫌い」は、年代があがるほど多い傾向で、三〇代で二一％、四〇代で二五％、五〇代で三三％、六〇代で三六％、七〇歳以上では四一％にのぼります。

六〇、七〇代というのは、六〇年安保闘争や、六〇年代終わりの学生運動の世代で、植民地支配や戦争に対しては、その反省をきちんとおこなうべきだと考えている世代だと私は思っていたのですが、どうもそうは言えそうにない。安保闘争のときも、学生運動の高揚の時期も、かならずしも植民地支配の問題はメインテーマにならず、朝鮮半島に対する植民地支配の問題をきちんと考えようということにはならなかったということかもしれません。朝鮮人差別のようなものがずっと残されていたけれど、言ってはいけないこととされていたため口にしなかったが、いまの風潮のもとでは何を言ってもいいと思うようになったということでしょうか。

私の周辺でも、七〇代、八〇代の人たちで、いままでそんなことを言わなかった人たち、たとえば、仕事で韓国と取り引きがあり、韓国の会社員とのつきあいもある人で、こういうことに関しては慎重にものを言うと思っていた人たちが、今回のこのことで、突然、政府が言う「国際法違反」「約束違反」をオウム返しに、「韓国は何をいまさら言っているのだ」「とんでもない国だ」ということを平気で言うようになっています。二〇一九年の夏は、そういう状況になっていたのです。

一方で、若い人たちは実際にどうなのかは私はよくわかっていないのですが、K—POPにふれ、韓国を訪れて若い人たちとも付き合ったりして、古い世代とは違う対韓認識をもっているのではないかと思っています。

それはともかく、一九年七月の朝日新聞の世論調査をみても、「安倍政権は韓国に対し、半導体の製造に必要な素材の輸出規制を強化しました。このことを妥当だと思いますか」との問いに、「妥当だ」が五六％と半分を超えています。政府あるいは加害の企業だけが、「韓国はけしからん」と言っているのではなく、一般の庶民も同じように考えているところに深刻さがあり、大きな課題があると思っているところです。

■日本政府の態度

——日本政府は「国際法違反」「日韓関係を根底から覆す暴挙」とナショナリズムを煽るかのような発言をくり返しています。根底には「請求権協定で解決ずみ」という考えがあると思われます。現在の事態をどうみていますか。

〔一方的な「国際法違反」の主張〕

日本政府は、この間、大法院の判決は「国際法違反」と言い続けています。これまでの政府首脳の発言から考えると、この国際法とは、一九六五年の日韓請求権協定のことだと考えられます。大法院判決は、請求権協定の「完全かつ最終的に解決されたこととなることを確認する」という文言に違反しているから国際法違反だという批判です。しかし、大法院判決は、よく読めばわかるように、請求権協定を否定しているわけではありません。請求権協定を認めたうえで、強制動員被害者の損害賠償（慰謝料）請求権は請求権協定では未解決だと判示しているわけです。

つまり、請求権協定について、大法院判決と日本政府の解釈が異なるということです。これを国際法違反だとする日本政府の批判は成り立ちません。にもかかわらず、国際法という言葉を使って批判するのは、国際法という言葉がもつ権威を利用して、大法院判決の内容を覆い隠そうとしているのではないでしょうか。それは、対話を拒否する粗暴な対応にほかならないと思います。

請求権協定の解釈が異なるという紛争が生じているのですから、請求権協定の第三条に「この協定の解釈及び実施に関する両締約国間の紛争は、まず、外交上の経路を通じて解決するものとする」とあるように、まず外交交渉によって解決すべきで、対話をするのが筋です。

たしかに日本政府は、二〇一九年一月ぐらいから、国際法違反だと主張しつつも、紛争が生じているということで外交交渉をしようとしてきたのですが、問題なのはそのやり方です。第三条には三つの段階が明記されているのですが、その第一段階の外交交渉についても日本政府は一方的に期限を切り、その期限までに、韓国政府が返事をしなかったので、次の段階の、仲裁委員会設置にすすむというのです。相手の意見を聞かずに進めているのです。

一方で、韓国政府は、いまも、第一段階の外交交渉をしようとしていると思います。日本政府が、一方的にステップアップさせている。それは、強引なやり方だと言わざるをえません。「外交上の経路を通じて解決」するのであれば、韓国政府と対話をしつつ、相手の立場を理解しつつすすめていく必要があるのですが、そういうふうにはしていないのが大きな問題です。

また日本政府は、日韓請求権協定で「解決ずみ」ということもくり返し言っています。大法院判決は、条約の文言の意味が曖昧模糊《あいまいもこ》としている場合には、条約の交渉記録や、締結時の事情などを補充的に考慮して解釈すべきだという趣旨のことを言っています。つまり、日韓会談の経緯や、そのなかでどのようなことが話し合われたのか、韓国政府、日本政府が、どのような主張をしていたのかというようなことを精査し、請求権協定の条文を解釈すべきだというわけです。実際に判決文には、日韓交渉の経緯についても、詳細に記されています。

日本政府が、そのような大法院判決に反論するのであれば、判決の法理や、条約締結の過程、締結時の事情などについて資料を提示して、その「解決ずみ」論を真摯に説明する必要があるのです。しかし、これまでのところそういうことはほとんどおこなわず、「解決ずみだ」「国際法違反だ」と韓国側を批判するだけなのです。

植民地主義という暴力の再現

今日の状況にいたる過程で大きかったのは、二〇一九年七月に日本政府が半導体材料の対韓輸出規制を強化したことでした。八月には安全保障上の輸出管理をめぐる優遇対象国「ホワイト国」から韓国を除外しました。これらは大法院判決とそれへの韓国政府の対応への報復だと受けとられました。実際に当初は、経産大臣らもそれらしき発言をしていたのですが、その後は、「今回の見直しは、安全保障を目的に輸出管理を適切に実施する観点から、その運用を見直すものであり、『対抗措置』ではない」とくり返しています。しかし一般的には報復措置だと受けとめられていますし、私もこれまでの経緯から、そう判断しています。

この措置に対しては、その後、日韓のさまざまな団体が声明を出すなどしていますが、私も「この措置は日本と韓国の友好と平和に反する行為だと言わざるを得ません」（朝鮮史研究会の声明）と思います。やや辛辣《しんらつ》に言えば、帝国主義に郷愁を抱く人たちのパワハラ行為だと言えるのではないでしょうか。

このように日本が報復措置をおこない、それに対して韓国も対抗措置をとるなかで、日韓の対立が、政治の対立を超えて、経済、社会の対立にまで拡がっていっています。韓国では日本製品の不買運動がおこっていますし、日本に来る観光客が激減したりしています。私がとりわけ深刻だと思うのは、植民地主義という暴力が再現しているのではないかと感じる状況があることです。たとえば日本政府とメディアは、反韓ナショナリズムを抑える責任があると思いますが、逆にそれを煽動するかのような言動をおこなっています。

この点について、NPO法人移住者と連帯する全国ネットワーク、外国人人権法連絡会、人種差別撤廃NGOネットワーク（ERDネット）、のりこえねっと等の団体が「マイノリティの人権と尊厳を傷つける『嫌韓』煽動に抗議する声明」を出しています。そこでは、「日本社会には、百万を超える在日コリアンやコリアン・ルーツの人びとが暮らしています。そうした人々の多くは、今、この社会を覆う『嫌韓』ムードや、それにもとづくテレビや出版物、インターネット・SNSあるいは日常生活における差別的な発言・振る舞いに傷つけられ、テレビやネットを見ることができなくなったり、SNS発信もできなくなるなど恐怖や悲しみを感じながら暮らしています」と言っています。こうした事態は、たんに反韓ナショナリズムが勃興しているというよりも、一九四五年以前に、朝鮮人に対しておこなっていた蔑視や排除という植民地主義の暴力が作動しているように感じるのです。

［なぜ日本政府はこれほどまで批判するのか］

しかしなぜ、日本政府がこれほどまでに大法院判決を激しく批判したり、報復措置をとったりするのでしょうか。それはおそらく、大法院判決が植民地支配の責任を正面から問い、その責任を法的に承認する判決を出したからではないかと思います。

日本は、明治以来の近代化の過程で、欧米列強に遅れて帝国主義の道を歩み、その過程で植民地支配や侵略戦争をおこなってきました。敗戦後の日本は、侵略戦争については連合国側からは批判されたけれども、東西冷戦のもとで、植民地支配の法的責任は問われることはありませんでした。これに対し、二〇一八年の大法院判決で、植民地支配下の戦時強制動員および強制労働への反人道的行為に対する法的責任が問われたわけです。被告企業に対する被害者の損害賠償請求権が認められた。そして、それが最終審の判決として確定した。

日本政府は、これまで揺らぐことがないと信じてきた、植民地支配の法的責任が問われない近代法体系への重大な挑戦だと認識したのではないでしょうか。だからこそ、大法院判決は「野蛮」であり、同時に衝撃であり、ある意味では恐怖であったのではないか、私はそんな気がしています。

■問われる「請求権」の枠組み

――太田さんは、一九六五年の日韓請求権協定は、「過去を覆い隠す」ものと批判され、歴史的に見ることの重要性を強調されています。では、この協定を歴史的に見たときに、どんな問題があるのでしょうか。

一九六五年の日韓条約、とくに日韓請求権協定の形成過程と問題に話をすすめたいと思います。私は、二〇〇五年以降に公開された日韓交渉関係文書を読み込んでいくなかで、協定で「解決ずみ」とする議論は、歴史として三つの問題点があると考えるようになりました。

一つ目は、日韓請求権協定で「完全かつ最終的に解決されたこととなる」とされた「財産」「請求権」というものはどういうものなのかという問題です。二つ目が、「経済協力」という方式でおこなわれたことについてです。三つ目が、日韓請求権協定という条約・法によるもう一つの「暴力」の問題です。日韓請求権協定を歴史として考えたときに、この三つの問題があると私は考えています。

「植民地支配は正当だった」という認識

まず一つ目の「財産」「請求権」という枠組みの問題です。日韓会談が開始された背景には、一九五一年のサンフランシスコ講和条約（以下、サ条約）があります。サ条約四条a項には、日韓間の財産、請求権の処理は両国間の「特別取極の主題」とすると規定されていて、この規定によって翌年、五二年から日韓請求権交渉がはじまり、六五年に請求権協定が締結されたのです。

そして、先ほどもふれたように請求権協定第二条一項に、このサ条約四条a項に規定された「財産」「請求権」を含むすべての双方の「請求権」が「完全かつ最終的に解決されたこととなる」と、さらに同条三項には、「すべての請求権……に関しては、いかなる主張もすることができないものとする」とされた。日本政府もメディアも、請求権協定のこの部分をもって、国際法違反だ、約束違反だと批判をしているわけです。

しかし、この「完全かつ最終的に解決されたこととなる」の主語の部分、日韓間の「財産」と「請求権」という枠組みはそもそもどういうものなのかを考えることが重要です。なぜなら、これが日本政府の植民地支配認識にかかわる問題だと考えるからです。

日本政府の植民地支配認識は、一言で言うと、「正当だった」という認識です。その考えにもとづいて日韓会談をおこない、協定をむすんだと言えます。この植民地支配は正当だったということについても三つに分けて考えることができます。

一つ目は「植民地支配適法」論で、植民地支配は「国際法、国際慣例」にのっとって適法におこなわれたという主張です。韓国併合条約にいたるまでの一連の条約、協定は、すべて適法に締結されたものなのだという考え方です。サ条約が結ばれる以前の一九四九年に外務省が作成した「割譲地に関する経済的財政的事項の処理に関する陳述」という文書にそれが記されています。植民地支配に対し「国際的犯罪視」されたり、「懲罰」を受けたりすることは承服し得ないと連合国側に訴え、植民地支配をもって罪として問われるような指導原則をつくらないようにと要請していたのです。

二つ目が、これもよく知られているものですが、「近代化」論です。植民地支配は悪いものではなく、朝鮮にとっては「経済的、社会的、文化的向上」と「近代化」に貢献するものだったのだという主張で、これも一つ目と同じ「割譲地に関する経済的財政的事項の処理に関する陳述」という文章に書かれています。この「近代化」論は、植民地支配がおこなわれていた当時も、敗戦後のこの時期にも、大きな影響力をもっていましたが、今日においても根強い力を持っているようです。

三つ目は、あまり知られていないかもしれませんが、「領土分離」論です。朝鮮史では通常、朝鮮は一九四五年の八月一五日に日本の植民地支配から「解放された」と叙述されます。日本政府が言うところの「分離」論は、朝鮮は解放されたのではなく、たんに日本の領土から分離したという認識です。たんに領土が分離した問題にすぎないので、そこには請求権というものがあったとしても、それは両国の「領土分離の際の国の財産及び債務の継承関係」として取り扱われるべきだというのです。つまり植民地支配してそこで被害を与えたとか、人権侵害がなされたという認識はない。たんに分離した際の財産・債務のプラス・マイナス関係を処理するのが「請求権」問題なのだという認識です。

このように日本政府の認識は、一言でいうと、日本の植民地支配は合法で正当なものだったというものなのです。

「共犯関係にあった旧植民地帝国と日本」

こうした「植民地支配は正当」という考え方は、日本政府に特有のものではなく、連合国の主要メンバーである、アメリカやイギリスなどとも共有するものでした。当時、サ条約の文案を作成するのを主導したのが、よく知られているようにアメリカのジョン・フォスター・ダレス（当時、国務長官特別顧問）ですが、彼は一九五〇年に『戦争か平和か War or Peace』（河出書房）という本を出し、欧米の植民地主義の歴史について次のように語っています。

「西欧の植民地主義（Western colonialism）」は「最初から解放的性質を帯びるよう、人間の自由という基本的なもの、考え方」を内包していた、と。「西欧諸国に依る政治的支配が平和的に退却し、自治がこれに代るように進めた」――これは戦後欧米の植民地であった地域が徐々に独立していくということを言っています――。こうした第二次世界大戦後の植民地の自治と独立の大きな動きは、

「旧来のものを一挙にひっくり返したのではなく、これを成就した」というのです。

もちろん、このダレスの言葉をもって、連合国側全体がこのように考えていたとは言い切れないのですが、連合国主要メンバーの言動を見ていると、同じような考え方をしていたのではないかと思われます。たとえば旧植民地帝国（イギリス、フランス、アメリカ）が一九四七年にイタリアと結んだ講和条約でイタリアの植民地支配の責任を不問に付したのは、植民地支配を正当化していたからではないでしょうか。連合国主要メンバーである旧植民地帝国と、日本は、植民地支配正当論という点では、共犯関係にあったのではないかと考えています。

つまり、日韓請求権協定で「完全かつ最終的に解決」したとされた「財産」「請求権」は、植民地支配正当論（植民地支配の責任を不問に付す）という考え方、認識にもとづくものだといわざるを得ないのです。これが日韓請求権協定で「解決ずみ」とすることの大きな問題の一つだと言えます。

■「経済協力」方式の問題点

――あらためて「経済協力」方式の問題を考えることも重要だと思います。「経済協力」方式とは何か。これがどのような経過で浮上し、採用され、どのような影響を与えたのでしょうか。

[「経済協力」方式台頭の経緯]

「経済協力」方式というのは、日本が韓国に経済協力することによって、日韓の「財産」「請求権」問題を解決（処理）する方式だということができます。植民地支配を不問に付す「財産」「請求権」

を経済協力によって処理するということですから、植民地支配の責任からはさらに遠いものだと言えます。

日韓請求権交渉のなかで、そういう考え方、方法が台頭してくるのは一九六〇年七月だと私は見ています。もちろん五〇年代にもそのような議論がまったくなかったわけではないのですが、それが外務省あるいは日本政府の方針として確立されてくるのは、六〇年代を待たなければならないのです。

とくに七月二二日に外務省アジア局北東アジア課が作成した「対韓経済技術協力に関する予算措置について」という文書が重要です。そこには、請求権問題を「過去の償いということではなしに、韓国の将来の経済および社会福祉に寄与するという趣旨でならば、かかる経済協力ないし援助を行なう意義あり」と書かれています。経済協力によって処理する方針を北東アジア課で決定したことを示す文書です。

これは北東アジア課で作成されたのですが、それに関わった中心人物が当時の伊関佑二郎アジア局長、前田利一北東アジア課長、柳谷謙介事務官です。この三人が議論して作成し、とくに伊関局長が主導し、直接起草したのが柳谷であったと、座談会の記録に書かれています。伊関は当時のことを振り返って「非常に歴史的な文書」だと言い、前田は「革命的な考え方」だったと自賛しています。

二〇〇五年には韓国で日韓請求権交渉の外交文書が公開され、日本でも日本の外務省に文書の公開を要求する運動をすべきではないかという声があがり、同じ年に市民運動「日韓会談文書・全面公開を求める会」が結成され、私も参加することになりました。その後「求める会」は外務省に対して文書の公開を求め続けました（「求める会」は二〇一六年に解散し、現在は「日韓会談文書等管理委員会」が公開文書やホームページなどを管理している）。

裁判にもとりくみ、その結果、約六万ページの文書が公開されたのですが、この「対韓経済技術協力に関する予算措置について」は、公開された文書のなかで最も重要な資料の一つでした。

ただ当時公開されたのは原本ではなく写しで、原本はまだ見つかっていない（「日韓会談文書等管理委員会」の開示請求により二〇二〇年二月に公開された。「求める会」のホームページで閲覧できる）。実はこの文書は、一九九二年に放送された「ＮＨＫスペシャル」で取り上げられていて、以前から注目されていたものです。当時ディレクターの新延明さんが、どのようにその文書を見せてもらえたのかは不明ですが、文書の一部を撮影し「ＮＨＫスペシャル」で報道したのです。その文書の全文が、写しではあれ公開されたのです。

ともかく外務省アジア局北東アジア課が中心になって「経済協力」方式を推進していくことになります。文書が作成された直後の一九六〇年一〇月、第五次会談の直前に、省庁間の打ち合わせ会議が開かれました。その会議での、外務省の伊関アジア局長と大蔵省（当時）側のやりとりが重要です。伊関アジア局長が「最終的に政治的解決をすることになるにしても、……一応委員会を開いて議論し――委員会とは日韓会談の事務レベルの請求権委員会です――、数字で話を決めるのは不可能だということを先方に納得させる必要」があると主張したのに対し、大蔵省の西原直廉理財局長は反対意見をのべたものの、吉田信邦理財局次長が「一番無難なところで戦死者の数でも話合えば多少時間がつなげる」と応じています。ここからは、戦死者の数やかつての強制動員された人びとの被害状況は時間つなぎの問題にしか捉えておらず、最終的には政治的に解決し、「経済協力」方式で処理するという考え方を一貫して持っていて、それに向けて進めていくという姿勢だったことがわかります。

［日本政府の要求のずるさ］

第五次会談、六次会談ではどういうことが話し合われたか。このときに韓国側は対日請求権をあらためて主張しました。その請求権八項目の第五項目の一部として「被徴用者の未収金」および「戦争による人的被害に対する補償」、つまり戦時動員された労働者や軍人・軍属の未払金および補償を請求するとしています。これに対して日本側は、項目別に韓国側が法的根拠と事実関係を立証すべきだ、と要求し続けるのです。

しかし、これはずるい要求です。法的根拠とは、植民地支配下で制定・施行された法のことです。その法をもって根拠を説明しろということになると、日本政府が言うような「法律にのっとっておこなわれた」という説明にしかならないからです。植民地支配下の法律のもとでおこなわれたことを批判して、未払い賃金や補償金を要求している韓国側には容認しがたいものなので、不条理な要求だといわざるを得ません。

もう一つの、事実関係も請求する側が立証しろという要求もずるいものです。なぜなら動員の証拠やその名簿、戦後に各企業が持っていた未払い賃金などの数字——戦後、日本政府は企業に対し未払い賃金分を厚生省に供託させ、供託名簿を作成させています——は日本政府あるいは企業が持っているからです。にもかかわらず韓国側に立証せよという。不条理な要求です。

結局、日本側の考えとしては、法的根拠が十分で、資料による事実関係が認められるものは少額に過ぎないというものだったのでしょう。しかも、未払い賃金は事実関係が明らかなものについては支払うが、補償金については法的根拠がないから応じられないというものでした。この補償金とは、今日言われているような慰謝料、損害賠償というものではなく、慰労金、見舞い金、弔慰金との説明がなされていました。それは法的根拠がないから応じられないと突っぱねるのです。

事務レベル交渉は一九六二年の二月で打ち切られます。その後、合意がならないということで、政府首脳レベルの政治会談による「経済協力」方式に突き進んでいきます。こうして六二年一一月に「大平・金合意」が成り、三億ドルの無償供与と二億ドルの有償供与、民間借款で処理する「経済協力」方式が確定したのです。この合意にもとづいて六五年の請求権協定ができ、それが協定第一条に条文化されるのです。

なぜ「経済協力」方式が推進されたのか

では、なぜ「経済協力」方式が採用され、推進されるようになったのでしょうか。直接的には、日韓両方に経済開発を推進する政権が成立したからだと言えます。日本側は池田勇人政権ですが、先に紹介した「対韓経済技術協力に関する予算措置について」が作成される三日前の一九六〇年七月一九日に誕生しています。おそらくそれは偶然ではなく、池田政権の下では「経済協力」方式で推していけると外務省の官僚たちが考え、その草案をつくって推進していったと推察されます。一方の韓国でも張勉《チャンミョン》政権が成立し、経済建設第一主義を掲げて経済開発をすすめていくことを表明します。

そのうえで、少しスパンの長い背景としては、三つくらいあると考えています。

一つは、一九五〇年代終わりに、アメリカの東北アジア冷戦戦略として、経済開発主義が台頭してきたことです。東北アジア資本主義の中心として位置づけられた日本と、かつて日本の植民地だった韓国とを結びつけ、韓国の経済開発を推進していく、そのことによって、中国、ソ連、北朝鮮の共産主義に対して、資本主義の優位を示すことができるという戦略です。朝鮮戦争直後までのアメリカの戦略は、韓国に軍事援助をすることによって共産主義に対抗していく、あるいは封じ込めていくというものだったのですが、五〇年代終わりからは経済開発主義にシフトしていきました。

二つ目は、日本の問題ですが、一九五〇年代にフィリピン、インドネシア、ベトナム、ビルマの東南アジア諸国に対して賠償を「経済協力」という形でおこなった経験があったことです。そのほとんどが日本の生産物と役務（労働）によるもので、日韓請求権協定も同じように生産物と役務でおこなうことになったのです。当時の日本政府内にも日本が儲かるという声がありました。後にヒモつきの経済協力と言われたゆえんです。

この間、韓国政治の専門家や日韓関係の専門家と称する人たちがテレビや雑誌で、無償三億ドルと有償二億ドルを朴正熙《パクチョンヒ》政権に現金で渡したという趣旨の発言をしているのを目にしましたが、そうではありません。私の知る限りでは役務はさほど多くはありませんでしたが、工場プラント、施設、機械、原材料などの資本財を提供するものだったのです。そうした「経済協力」がその後どうなり、日本の企業がどれくらい得して、どれくらいの効果があったかについては、研究があまり進んでいません。ただ、日本の企業が「経済協力」方式によって大きな利益を得たのはまちがいありません。実際にその後の日韓貿易は、つねに韓国側の輸入超過という状態が続きますが、おそらくこの「経済協力」方式が影響しているのだと思います。

三つ目に、イギリスやフランスなどの旧植民地帝国の植民地支配の処理の仕方として「独立＋経済協力」方式がとられていたことです。たとえば一九五四年から六二年までのアルジェリア独立戦争をうけて六二年三月にフランスとアルジェリアの間で結ばれた「エヴィアン合意」は、戦闘停止のための和平協定であるとともに、フランスのアルジェリア独立承認、アルジェリアの社会・経済発展へのフランスの寄与などを内容とする経済協力をおこなうものでした。それは、植民地支配責任だけでなく、戦争責任をも果たすものではありませんでした。そして、その半年後に「大平・金合意」が成るのです。当時の大平外相や官僚たちが書いたものを見ると、欧米のこういうやり方にならったことがわかります。

このように「経済協力」方式は、冷戦戦略と経済開発主義、旧植民地帝国の植民地支配の処理の一環として採用、推進されたものでした。そこでは植民地支配責任とか戦争責任の問題は覆い隠されていたのです。

■条約―法による暴力

――植民地支配の被害者が置き去りにされていることが、いま問題になっています。被害者の視点から、「協定で解決した論」の問題はどうなのでしょうか。また、いま被害者の視点での解決にどんなことが必要でしょうか。

［補償を求めた人々］

被害者の視点から協定をみたとき、条約―法によるもう一つの暴力という視点が重要です。当時、日韓請求権協定が締結された前後、被害者たちはどうしていたのか。多くの被害者たちは沈黙し、昔の過酷な体験あるいは苦しい記憶を、そのまま蓋《ふた》をしておくか、忘れようとしていたと思われます。そのなかで少数の被害者たちが声を上げていたことが、この間の歴史研究で明らかにされています。

その人たちは過去の植民地支配と戦争による暴力、人権侵害における非人道性を訴え、補償を求めていたのです。

たとえば在韓被爆者、広島・長崎で被爆した朝鮮人で、解放後に祖国に帰った人たちです。日本では原子爆弾被爆者の医療等に関する法律などが制定され、医療費や医療手当てが支給されたのに対し、韓国にいたがためにその援護を受けられなかった人たちが、六〇年代の初めに立ち上がったのです。郭貴勲さんら被爆者たちが、被害の実情を訴え、補償を求める声を上げ始めた。

強制動員された被害者、とくに軍人・軍属については、大島渚監督が「忘れられた皇軍」というドキュメンタリーをとり、一九六三年に日本テレビで放送されました。元日本軍在日韓国人傷痍軍人会が、韓国籍ゆえに軍人恩給対象から除外されたため首相官邸や外務省も訪れて陳情するのですが、「国交正常化後に韓国政府が処理する問題だ」として取り合ってもらえなかった。当時東京にあった韓国代表部に行くと、「あなたがたの傷は日本のために受けたものだ。韓国に責任はない。日本政府に要求すべきことだ」と拒絶される。その後、新橋の駅前で日本の庶民に訴えるのですが、「訴えは聞かれたのか。あるいは聞かれなかったのか。はっきりと確かめ得ないままに」終わります。

韓国出身戦犯者同進会のとりくみもありました。日本軍に軍属として俘虜収容所の監視員などに動員され、BC級戦犯とされた人たちです。この人たちは五六年から日本政府に対して国家補償を求め、日本による動員と戦後の処遇の非人道性を訴える運動をすすめていました。

日本軍「慰安婦」は、このときには名乗り出ていません。九〇年代初めの金学順《キムハクスン》さんまで待たなくてはなりませんでした。多くの被害者が、過去の暴力による心の傷が深刻だったことから、あるいは当時韓国が権威主義的な朴正熙政権であったこともあり、声をあげることなど思いもよらなかったのだと思います。それらの被害者が、金学順さん以後、声をあげ始めたのです。

ところが日本と韓国は、これらの暴力を受けた人々の声を聞きながらも、それを無視し、日韓請求権協定という条約—法によって「完全かつ最終的に解決」したとしてしまいました。それは、国家が過去の暴力をおおいかくし、被害者を排除する暴力ではなかったか。一九四五年以前の暴力、植民地支配や戦争による暴力を不問にした日韓請求権協定という条約—法は、被害者にとっては、もう一つの暴力だったのではないか。だからその条約—法の暴力こそが問われるべきなのです。

明治学院大学の阿部浩己《こうき》さん（国際法学者）は、「被害者の声を反映した条約法のつくり直し、脱暴力化が必要」だと主張されていますが、私もそう思います。日韓請求権協定をすべて破棄して、新しい協定をつくり直すということは、難しいかもしれません。それができないとしても、何らかの方法で協定を補って、脱暴力化していくことは可能だと思います。

「過去の克服」の重要性

では、被害者の視点からどのような解決方法が考えられるでしょうか。まず「解決ずみ」との思いこみをあらためることから始める必要があります。問題の核心は、過去の暴力がいかなるものだったのか、その真実を明らかにすることにあります。そして、誰に責任があるのか、責任が明らかになれば、その主体は謝罪をすべきでしょうし、しかるべく賠償や補償もすべきでしょう。明らかにされた真実を、歴史として継承していくという作業も必要です。たとえば、教育や博物館、追悼碑などによって、次代に歴史のバトンを渡していくのです。私は、そうした一連の諸行為を「過去の克服」と呼んでいます。「過去の克服」ができているのかどうかを考え、できていないのであれば、それを一つずつ実現していく努力を続けるのです。

「過去の克服」とは、よく知られているように、ナチス・ドイツの暴力支配に対する戦後ドイツの人々のさまざまなとりくみを総称する言葉です。それは、ドイツだけでなく、第二次世界大戦下のアメリカにおける日系人収容問題や、南アフリカのアパルトヘイト問題、ラテンアメリカでの人権侵害問題などでの様々なとりくみの中で深められてきました。韓国でも九〇年代の半ばから、植民地支配下での強制動員被害や日本の支配に協力したいわゆる「親日派」の問題とともに、朝鮮戦争や軍事独裁政権の下での暴力や人権侵害についての真実究明作業が進められ、被害者の名誉回復措置がなされてきました。世界中に「過去の克服」が広がり、バージョンアップされていると言えます。日本でもこの「過去の克服」をすすめることが重要です。

［求められる被害者の視点での解決］

今回の日韓間の問題では、二〇一九年八月一一日に日本製鉄、三菱重工業関連裁判の弁護士、支援者たちが「徴用工問題の解決を求める日韓弁護士や支援団体声明」を発表し、日韓両政府に対して、「当事者間での自主的な協議を尊重し、当時者間の協議を経て具体化されるであろう徴用工・勤労挺身隊問題の解決構想の実現に協力するよう求め」ています。そこで言われているように、二〇一八年一〇月から翌年一月に、いくつかの大法院判決が出され、確定したもとで、原告被害者と被告企業側の間の協議によって解決するという方向で考えることがまず必要です。

また、それ以外の被害者もたくさんおられます。その人たちのことについては、韓国と日本のさまざまなNGOで議論、提案されているように、包括的基金による解決がよいと私も思っています。被害者の視点で検討することが求められています。

NGO間で意見がまとまらないということも聞いています。事実の確定などにも難しい課題があるでしょう。真相究明作業は進んでいるといっても、これからまだ詰めないといけないことも多くある。そのうえで法的責任をどうするのか、それにもとづく謝罪をどうするのか、補償金の金額をどれくらいにするのか、歴史を継承する事業としてどんなことをやっていくのか、など一つひとつ具体的な議論を進めていく必要があります。

そしてもう一つ、朝鮮民主主義人民共和国の被害者に対しては、いままで何もなされていません。二〇〇二年には日朝平壌宣言が交わされましたが、その後も状況は変っていません。早く国交を正常化して「過去の克服」に向かった方がよい。日韓の間の問題を解決し、それをもとにして日朝でもすすめていく。朝鮮民主主義人民共和国の被害者への「過去の克服」に、これからの日韓の努力がつながっていくのです。

哀しいことに今の日本では、植民地主義や暴力としての旧来の法―条約から自由になるどころか、過去の帝国主義的なものに郷愁を感じて歴史を省みない人たちが一定の勢力を握っています。私はその人たちとのせめぎ合いのさなかにいることを日々感じています。そのせめぎ合いをこちらに優勢に持って行くことが、大きな課題です。

（おおた・おさむ／『前衛』二〇二〇年一月号）

2　加害責任とは何か――植民地支配、強制連行、日本軍「慰安婦」

問われているのは日本の植民地支配への反省

加藤圭木（一橋大学准教授）

■日本における加害者意識の欠如

――いま、日韓関係がきわめて厳しい状況になっています。そのことをどう見ていますか。

二〇一八年一〇月三〇日の大韓民国（以下、韓国）大法院（最高裁判所）における徴用工判決以来、日本では反韓ムードが充満しています。一橋大学にも韓国人留学生がたくさんいます。話を聞いてみると、韓国人だということで、何らかの加害行為を受けるのではないかと恐怖を感じている人が少なくありません。町中では韓国語で話すのをできる限り止めているという学生もいます。

ただし、昨年一〇月より前からも、そうしたことをもらす韓国人留学生はいました。以前から根深く存在していた問題が、表面化してきたといえます。

在日朝鮮人の学生もいますが、日本社会のなかで、生きにくさ、恐怖を感じています。朝鮮民主主義人民共和国へのバッシングが続いてきたなかで、圧迫を受けてきた在日朝鮮人の学生もいます。やはり根底に日本社会における朝鮮半島への差別意識があり、それがこの間の日韓対立によって増幅されているのです。

今年（二〇一九年）は、植民地支配からの解放を求めて朝鮮民族が立ち上がった「三・一運動」から一〇〇年です。本来であれば、日本側は植民地支配責任と向き合う機会としなければいけなかったと思います。しかし、事態はまったく正反対の方向に進んでいます。今年三月、外務省は一〇〇周年に際し、韓国への渡航者にデモが起きるとして注意喚起をしましたし、国会議員が渡航の危険レベルの引き上げを要求するなど、排外主義的煽動が国家、メディアによって行われて、多くの人がそれを受け入れるような状況になっています。

実は、三月に学生を韓国に連れて行くツアーを企画したら、保護者の反対で行けなくなった人が複数いました。その他にも市民団体が主催した日本軍「慰安婦」問題（日本軍性奴隷制問題）について学ぶ韓国でのツアーの際に、親から反対されて大変だったという人がいたと聞いています。「韓国に行ったら危ない」と言われるわけですが、そんなことは決してありません。メディアでの煽りを受けて、根拠のないバッシングがこの間国民レベルで広がったことは重大なことだと思います。一〇年、二〇年前に歴史修正主義者と言われる一部の人が言っていたことが、今や標準的な言説になってきています。植民地支配への反省が確立されていないのは今にはじまったことではありませんが、事態は深刻化しています。

その根本にあるのが、日本側が加害者側であるという意識の欠如だと思います。「日本は何も悪くないのに韓国側から責められている」「もう終わったことを責められている」との認識を持つ人が少なくないのです。しかし、これは韓国側から見れば正義に反する状態です。

■徴用工判決はどういうものか

——昨今の対立の契機となった徴用工判決とはどういうものなのでしょうか。

「朝鮮人強制労働動員」とは

いま日本で言われている「徴用工」という言葉は、韓国で「強制徴用」という用語が使われているのを踏まえて、「強制」をとって呼称したものと思われます。従来、日本では「朝鮮人強制連行」という言葉が最も一般的に使われてきましたが、示している内容は同じです。一九三九年から四五年にかけての国家総動員法に基づいて労務動員計画が立てられて、そのなかで行われた強制労働の問題です。動員方式には「募集」「官斡旋」「徴用」の段階がありますが、そのいずれもが、国が「割当数」を定めており、強制をともなったものでした。韓国ではその三九年から四五年の動員全体を「強制徴用」と呼んでいるということです。

この徴用工問題を論じる際、その連行過程も問題ですが、加えて、強制労働の問題、そして民族差別の問題が重要です。連行過程が仮にどのようなものであったとしても、いったん連れて行かれれば強制労働であり、民族差別を受けたのです。そうした認識を踏まえて、日本では強制労働の側面を明確化するために「朝鮮人強制連行・強制労働」との呼称が使われることもあります。また、「朝鮮人戦時労働動員」「強制労働動員」と呼んだ上で、その実態として強制連行・強制労働・民族差別があることを示すという研究者もいます。いずれにしても、この三点から徴用工問題の本質をとらえることが大切です。以下、徴用工問題を強制労働動員と呼びます。

強制連行についてはあとで述べますが、ここでは労働の実態に触れておきます。動員された朝鮮人は四六時中監視され、労働を強制されました。長時間にわたり過酷な環境で働かされ、食事も十分に与えられず、暴力を振るわれるケースも相次ぎました。賃金が本人に支払われないことも少なくありませんでした。以上には民族差別が伴っていました。こうした労働実態は、ＩＬＯ第二九号条約（強制労働条約）違反といえます。

強制労働動員については、全国各地で調査が進められてきました。真相究明の大きなきっかけになったのは一九六五年に出た朴慶植《パクキョンシク》さんの『朝鮮人強制連行の記録』（未來社）です。この著作のインパクトを受けて、草の根で真相究明の活動が進みました。このように日本でも長い間、調査・研究が取り組まれてきたのですが、社会全体でこうした動きに十分に応答するということはできてきませんでしたし、国家のレベルでの調査をきちんとやるということもなかったのです。

この強制労働動員の問題が注目されるようになったのは、韓国民主化により、戦争・植民地支配の被害者たちの声が表舞台に出てきたことによります。長らく軍事独裁政権のもとで押さえられてきた人権意識が、民主化運動が進むなかで向上し、戦争や植民地支配による被害の問題が意識されるようになったからです。「慰安婦」問題の告発もその重要な動きでした。そうしたなかで日本の裁判所に強制労働動員の被害者たちが訴えたわけです。

日本の裁判所の判決でも、多くの場合、被害事実の認定はされています。しかし、訴えられた会社は、戦後の財閥解体により生まれ変わったのであり戦前の会社とは別会社だという論理で訴えを退けたり、国家無問責論（国家賠償法以前には国の賠償責任を問えないとする論理）によって賠償の責任を免じるという判決がなされました。そうしたなかで被害者たちは日本の裁判所では救済されないと、韓国での裁判に踏み切ったのです。

朝鮮民主主義人民共和国でも、日朝国交正常化のなかで民間人の損害の補償を求める動きがありました（その後、日朝国交正常化はなされていない）。この数字の根拠は不明ですが、二〇〇三年に同政府は国連総会にて「八四〇万人以上の朝鮮人を強制的に徴発・拉致」と述べています。南北朝鮮の双方から強制労働動員の被害を訴えられていることも見ておきたいと思います。

［植民地支配の不法を告発した大法院判決］

韓国の動きに戻りますが、植民地支配の被害を追及する民衆運動によって、盧武鉉《ノムヒョン》政権期に、「日帝強占下強制動員被害真相究明等に関する特別法」（二〇〇四年）が制定され、国家レベルで強制労働動員の真相究明を行うようになっていきました。これは、韓国の民主化運動や強制労働動員の被害を告発する運動の成果だと思います。

一九六五年にむすばれた日韓請求権協定で、徴用工問題は「解決済み」と、日本政府やマスメディアは言っています。しかし、日韓請求権協定は不法行為に対する賠償ではありません。なぜならば、この協定をむすぶにあたって、日本側は植民地支配の不法性を認めていないからです。当然、植民地支配の中で行われた強制労働動員についても不法との認識は日本側にはありません。重大な人権侵害であり不法行為である強制労働動員の問題が、日韓請求権協定で解決されたということはありえないのです。

さて、韓国での取り組みのなかで、画期的だったのが二〇一二年の大法院の徴用工問題に関する差し戻し判決です。当初は、韓国の裁判所でも被害者の訴えを認めなかったのですが、それを大法院が、差し戻して、被害者の訴えを認める方向に転換したのです。司法による正義の回復に向けた重要な動きと評価できます。その内容は、日本の植民地支配が不法であり、植民地支配と直結した不法行為に対する損害賠償請求権は日韓請求権協定の対象外であるというものでした。差し戻された後、高裁、そして大法院に来て、最終的な判決が出たのが今回の二〇一八年のものなのです。

二〇一八年の大法院判決は、二〇一二年のものと基本的に同じ方向のものです。判決は、「日本政府の朝鮮半島に対する不法な植民地支配及び侵略戦争の遂行と直結した日本企業の反人道的な不法行為」が問われているとし、被害者の賠償請求権を正当なものとして認め、日本企業に対して賠償を命じたのです。この判決の重要なポイントは、植民地支配は不法であるとし、そのこととあわせて、日本企業の不法行為を問題にしていることです。たんに戦時期の強制労働動員だけを取り出して問題としているのではなく、植民地支配全体が不法であり、強制労働動員はそのなかで行われた不法行為であるという立て方になっているわけです。

よく強制労働動員の責任を否定する際に、「日本人だって強制動員された」ということが言われます。たしかに国民徴用令によって日本人も強制的に労働させられました。しかし、判決が示しているのは、日本人と朝鮮人が置かれた状況は全く異なるということなのです。一九世紀後半以来、侵略を受け、暴力的に植民地支配をされ、無権利状態におかれているなかで強制労働をさせられたという、近代の朝鮮が置かれた歴史全体を問う視点があるところが重要です。

大法院判決の個別意見では、強制労働動員について日韓請求権協定によって国家の外交保護権が仮になくなっているとしても、個人の請求権はなくなっていないということも指摘されています。この点はもちろん大切な指摘です。日本政府も、被害者の個人請求権が消滅していないことは、これまでに認めています（一九九一年八月二七日の参議院予算委員会での政府答弁など）。この観点から、賠償をしない日本側の対応の問題性や矛盾を指摘することも有効な批判の方法といえるでしょう。

ただし、問題を個人請求権の有無に矮小化することなく、より根本的な問題として、大法院判決で植民地支配の不法性が指摘されているところが重要だと私は思います。日本側において、植民地支配が不法であるとの認識は非常に弱いですが、この認識を確立することが課題です。

植民地支配の不法性の問題ともかかわりますので、民族差別の概念についても検討しておきたいと思います。朝鮮人に対する民族差別というと、日本帝国のなかで日本人と異なる扱いをしたという事実があげられる傾向があります。そのことも重要ですが、そもそも朝鮮民族の自主決定権を否定したことが、民族差別であることを明確にする必要があると思います。その点を押さえなければ、帝国内で日本人と朝鮮人が平等になればよかったという議論になってしまいます。朝鮮人が求めていたのは民族解放であり、帝国内での地位向上ではありません。論者によってはそうした点に対する認識が曖《あい》昧《まい》になっていて、〝よりよい帝国になるべきだった〟という議論に陥ってしまっている場合があります。

［韓国におけるたたかいが人権の新たな地平をひらいた］

植民地支配の責任を問う大法院判決は、真に人権が尊重される民主的な社会を目指す韓国民衆のたたかいによって、切り拓かれた地平です。植民地支配の被害者の人権を回復していくという点で、世界史的にみても意義があると思います。

韓国の司法が人権問題に対する新たな地平をひらいてきたことは、「慰安婦」問題についても言えます。被害女性の訴え、そして被害者支援の運動の高まりを受けて、二〇一一年、韓国の憲法裁判所は、韓国政府が「慰安婦」問題の解決のために取り組んでいないことは、被害女性の基本権を侵害しているとの決定をくだしたのです。

さて、「戦後最悪の日韓関係」ということがよく言われます。確かにその通りではあるのですが、このフレーズを連呼することによって見えなくなるものがあると思います。

「戦後最悪」と言うからには、ある程度良好だった時期があったことになるのでしょう。一九九八年の日韓共同宣言以降、二〇〇二年のサッカー日韓ワールドカップ、韓流ブームを背景に、その時期は日韓関係は「良好」であったと評価されがちで、それとの対比で今日の「最悪」が言われていると思います。その間、日韓の市民の交流や市民運動の連携・連帯、あるいは学術交流が大きな成果を生み出したことは事実です。私自身もそうしたなかで学び、多くの友人と出会いました。

ただ、考えなければならないのは、日韓の国家関係を中心に議論すると、被害者が置き去りにされる可能性があるということです。「良好」とされていた日韓関係の背後で多くの被害者が置き去りにされていたことも見逃せないのです。「良好な関係」の中身が問われなければならないのです。

また、「日韓関係が悪い」と言うと、双方に問題があって関係が悪くなったと考えられがちですが、根本的には植民地支配の責任をまったく認めない日本政府の行為にこそ問題があります。悪いというのなら、日本側の行為が悪いということを強調すべきなのです。日本では、第二次世界大戦後、一貫して植民地支配に対する反省が確立されて来ませんでしたし、さらにこの間、歴史的事実に反する認識が強められ、それに基づく強硬な外交政策が展開されているわけです。そうした日本側の姿勢を批判することこそが必要です。

前述したように、韓国では長年の民衆のたたかいによって、植民地支配の被害者の人権の問題に光が当てられるようになりました。そうした意味では、大法院判決とは画期的なものであり、被害者からみれば自らの人権回復に向けた大きな一歩ということになります。それを日韓関係の障害物かのように捉えることは誤りです。

繰り返しになりますが、政府レベルの「日韓関係」がよくなればよいということではないのです。たとえば朴槿恵《パククネ》政権期に行われた「慰安婦」問題に関する「日韓合意」も、日韓の国家間関係を改善しようとするものであったわけですが、被害者を置き去りにするものだったわけです。とにかく国家関係さえよくすればいいという形で動くと、同じ過ちを犯す可能性があると思います。

また、日韓関係は、アメリカの軍事的な世界戦略ともからんでいることも見ておく必要があります。日韓の軍事的連携が、中国や朝鮮民主主義人民共和国と対峙する役割を持たされていることにも注意を払う必要があります。ＧＳＯＭＩＡ（軍事情報包括保護協定）はもともと韓国でも強い反対があったなかで結ばれたものです。これが継続しないことが、いま日本では問題視されていますが、東アジアの平和を考えたとき、たんに元に戻せばいいということではなく、軍事的連携そのものの問題性にきちんと視点を持っておく必要があると思います。

■なぜ日本は植民地支配の認識がもてないのか

――なぜ、日本は加害に向き合ったり、植民地支配への認識をしっかりと持つことができないのでしょうか。

[二〇一〇年代以降に民衆的広がりが]

大前提として、日本において朝鮮侵略と植民地支配の反省、民族差別の克服は、戦後一貫して達成されてこなかったことがあります。戦後日本の「平和主義」や「民主主義」のなかに、それらは組込まれていなかったのです。一九九〇年代以降、被害者の告発に直面するなかで、この問題と向き合う機会となりました。しかし、残念ながら、植民地支配の反省は十分に確立されませんでした。さらに、歴史修正主義が台頭していきます。「新しい歴史教科書をつくる会」から始まり（一九九六年）、安倍首相などを中心とした「日本の前途と歴史教育を考える若手議員の会」（一九九七年）もつくられました。それらが侵略戦争や植民地支配の事実をねじ曲げ、正当化する言説を繰り広げましたが、それでも今のようにそうした認識が社会全体を覆っていたわけではありませんでした。

しかし、そうした言説は、特に二〇一〇年代以降、民衆的広がりを持ってきています。この点については、最近、ネット右翼や歴史修正主義者に関する研究が活発に行われており、大変参考になります。ただし、一部の歴史修正主義の論者にはとどまらない、さらに深い問題があると思っています。ある時期までは、「歴史学などの学問の成果が市民に共有されていないことが問題だ」という議論に一定の有効性があったのだろうと思いますが、いまはその学問の少なくない部分が劣化しているのです。特に韓国研究に従事する研究者が反韓言説をリードし、社会に浸透しているように思えます。たとえば、神戸大学の韓国政治専門の木村幹教授はメディアにも頻繁に出ていますが、著作のなかで極めて問題のある発言をしています。『だまされないための「韓国」』（講談社、二〇一七年）では、次のように述べています。

もうひとつ、韓国人の国民としてのアイデンティティが不安定である点も、歴史認識問題へのこだわりの要因として指摘せざるを得ないポイントです。

日本人は普段あまり意識しないのですが、日本国民のアイデンティティの源泉はかなり明確です。歴史の教科書を開くと武士や政治家ばかり出てくるのは、日本がかつてアジアで最初に近代化をなしとげた帝国だった時代の名残。また、近年はテレビ番組などで日本の技術がやたらに賞賛されますが、これはかつて技術立国で経済大国だった頃の名残です。日本人の国民としての誇りの対象はこれらです。また、アメリカ人なら自由と民主主義の歴史、中国人なら中華文明。これらも確固たるものですよね。

しかし多くの韓国人にとって「韓国は何が素晴らしいのか」という問いは、かなりのビッグ・クエスチョンなのです。

この間、日本人のなかには、「韓国人は、いつまでも昔のことをいっている」という見方が広く出ていますが、木村氏はそこを「国民としてのアイデンティティが不安定」だからだと解説するわけです。まったく根拠のない差別的な主張です。韓国人が植民地支配の歴史を批判するのは、それが韓国人に莫大な被害を与え、今日に至るまで負の影響を残してきたからです。また、日本国民のアイデンティティ云々も言っていますが、結局日本人は優秀だと言いたいのでしょう。

もう一つ、木村氏の発言を見ておきましょう。

かつて、韓国から「正しい歴史認識」を求められたため、日本側では歴史研究者が頑張って考証的な歴史研究を進めたりしたのですが、実は韓国側はそんなことは最初から求めていなかった。彼らがいう「正しい歴史認識」とは、第三章でも触れたように、いわば「(韓国の人たちから見て)本来あるべき歴史認識」に近い意味のものだからです。

ここでは、韓国人には「考証的な歴史研究」の意義を理解できないという差別的な認識が示されています。正義の回復と人権が尊重される社会を模索する韓国側の取り組みを冷笑しています。韓国側でも吉見義明さんをはじめとした実証的な歴史研究は高く評価されていますし、韓国人研究者によっても精度の高い実証研究が進められています。そうした研究成果を基盤としながら、人権を回復するために正当なとりくみが行われているのです。イデオロギーとして一方的に「正しい歴史認識」を振りかざしているわけではありません。

木村氏のスタンスは、「日本」と「韓国」は「正しさ」の定義も異なるのだから、わかりあえないものとして付き合うしかない、「日本はこう考えるのだからこれでいい」という自民族中心の見方のようです。しかし、韓国側の植民地支配の責任を追及する取り組みは、国連のダーバン会議(二〇〇一年、反人種主義・差別撤廃世界会議）にあるように、植民地支配責任を「人道に対する罪」として問う方向が目指されているという世界史の潮流にも沿うものです。日本側の主張が正義に反していることを明確にし、韓国側が追求する正義を、日本側は正当なものとして受け止める必要があります。

また、最近出版された『知りたくなる韓国』（新城道彦、浅羽祐樹、金香男、春木育美著、有斐閣、二〇一九年）という本があります。ソフトな印象のタイトルですが、大変問題のある本です。新城氏執筆の「はじめに」には驚くべきことが書いてあります。

二一世紀に入ってから日本で韓流ドラマが普及し、「韓国」に接する機会は増えました。そして、そのような娯楽から得た情報で、自分は「韓国」を知っていると思い込んでいる人は少なくないような気がします。しかし、ドラマだけで膨らませたイメージは理解を妨げます。大学の講義で朝鮮王朝の事大主義や荒廃した社会のようす〔略〕などについて話すと、「イメージとの違いに衝撃を受けた」というコメントが数多く提出されます。

ドラマを真に受けてはいけないのはその通りですが、ここで言われている「事大主義」「荒廃した社会」というのは、戦前の歴史学が植民地支配を正当化するためにつくり出した朝鮮王朝に対する否定的なイメージにほかなりません。そうした認識が躊躇なく復活しているのです。戦後の朝鮮史研究がこうした歴史像を乗り越えるために研究を積み重ねてきたことを全否定するものです。隣国への理解を促すべき本の冒頭に、こうした偏見を助長する文章を配置するとは不見識極まりないことです。

全面的な批判は別の機会に行いたいと思いますが、本文にも問題が極めて多いです。新城氏執筆の

「第1部　歴史」は、侵略の暴力性や植民地支配の過酷な実態に関する記述が薄く、全体として支配を合理化する論調となっています。さらに朝鮮側の抵抗運動の意義をおとしめる記述が目立ちます。いわゆる「嫌韓本」で主張されていたことが、少し学術的な装いで書かれているにすぎません。

以上のような言説は、韓国側の日本批判に居心地の悪さを感じている多くの日本人にとっては、スッと頭に入ってしまうものなのではないでしょうか。しかも、「学問」がお墨付きを与えているのです。最終的にたどり着くのは、「韓国はやはり遅れている国だ」という認識です。「朝鮮王朝は腐敗していたから植民地支配されたのだ」、「いまも遅れているから、しつこく日本を批判するのだ」といった認識です。韓国側が人権の確立や平和をめざしてどのように努力してきたのかということへの視点がないわけです。

韓国と日本の若者たちは

一方、韓国ではこの間、朴槿恵政権の退陣を求める「ろうそくデモ」がたたかわれ、政権交代に至りました。これは「ろうそく革命」（二〇一六〜一七年）といわれています。この背景には、韓国における社会運動の広がり、一九八七年民主化宣言以来――それ以前からの民主化運動もあります――のさまざまな取り組みがあったと思います。それがこの間さらに大きな広がりを持ってきているという印象を持っています。

たとえば「慰安婦」問題の運動に関しても、韓国では学生や若者の参加が多いのが特徴です。その象徴的な例が学生団体の平和ナビ（平和の蝶）で、各大学にサークルとして存在していて、全国的なネットワークになっています。これが大きな運動を担っています。「慰安婦」問題はもともと九〇年代初頭、被害者たちが中心になって日本を告発する運動を始め、水曜デモという毎週の抗議集会を開始したわけです。最初は小さな集会だったとのことですが、いまこうした学生たち、高校生も含めて多くの人が参加して取り組んでいます。

また、マリーモンドという、「慰安婦」問題などにとりくむソーシャルビジネスがあります。スマートフォンのカバーなどに被害者を象徴するデザインをプリントして販売し、その利益を被害者支援に使っています。それが社会的な広がりを見せ、芸能人などもこのブランドの製品を使い、若い世代にも支持が広がっています。人権の問題をみんなで考えようという意識が韓国社会に広がっていて、「自分たちの世代と関係ないから」という考え方にはならないわけです。もちろん韓国のなかでもせめぎ合いはあります。しかし、こうした高い水準の社会運動が展開されていることは、日本との落差という点で注目されるべき点です。

こうした若者の意識を考えるうえではセウォル号沈没事故（二〇一四年四月）が重要だと思います。この事故によって、たくさんの高校生が亡くなりました。いま大学に来ている韓国人の留学生はまったく同世代で、「自分たちがああいうふうになっていたかも知れない問題。だから社会に関心を持つ」というのです。

韓国でのフェミニズムの高まりも注目すべきことです。二〇一六年五月におこった江南《カンナム》駅女性殺人事件は、女性であるというだけの理由で殺害された事件で、女性たちのあいだで、みずからの問題として社会のことを考えるという動きが強まっていきました。#ＭｅＴｏｏ運動も、大きな動きになっています。

これに対し、日本では、当事者意識が持ちにくく、自分たちの社会のことを自分たちで決めていくという意識が持ちにくい状況があると思います。
三月に「慰安婦」問題について学ぶ韓国ツアーに行った若者の感想集には、次のような文章がありました。

自分の感受性をまで薄めて、おかしいことをおかしいと思わず、「社会とはそういうものだから」と常に自分に言い聞かせて、あらゆる歪みに対して不感症になってしまったほうが、このような国でこのような時代を生きる上では、おそらく楽なのだと思う。そうやって器用に生きている大人はたくさんいるし、実際この社会で「勝ち組」と呼ばれるのは冷笑することや、弱者を虫けらのように踏み潰すことに長けた人ばかりだ（希望のたね基金『キボタネ若者ツアー２０１９ Spring』二〇一九年）。

おかしいことをおかしいと言いにくい社会状況がよく捉えられています。この人もそうだと思いますが、いま日本の若者や学生たちのなかにも、「日本社会はおかしい」「人権問題をきちんと考えよう」と取り組む人たちが、少しずつ現れているように思います。しかし、みんな「仲間がいない」と漏らしています。友人から、「忠告」と称して「政治的なことはやるべきでない」という攻撃を受けたりする。仲がよかった友だちと絶交したという話もあります。人権問題を語ったり、社会に対して問題提起をすることへの反発が強いのです。
植民地支配についてそもそも事実を知らないという問題がありますが、たとえある程度事実を学んでも、なお心が動かないという人が少なくありません。「たしかに日本のやったことは悪いのかも知れないけれど、どうしてあんなにしつこく要求するのか理解できない」と抗議運動を拒絶する認識を示したり、「自分が社会を変えられるわけでもない」として他人事にしてしまうケースが多いわけです。これは、歴史認識の問題とともに、民主主義意識の問題であり、当事者意識をもちにくいということと関連しているように思えます。

したがって、歴史の事実をきちんと知らせることは大切ですが、同時に社会のなかでどう当事者意識、民主主義意識を育てていくかが重要な課題になっていると思います。それがないと、先に述べた韓国社会における変革の意義を理解できないのです。現代日本ではデモに対して嫌悪感を持つ人が少なくありません。「日本はデモが盛り上がらないが、それは民主主義の成熟を示している」と民主主義に対して全く誤った、転倒した理解をしている学生もいます。そうした人からみれば、いまの韓国社会は自己主張ばかりしていて、感情的で遅れているということになるのでしょう。差別的な見方です。

このような状況のなかで、日本にいる韓国の学生たちは苦しい思いをしています。日韓友好に貢献したいという高い志を持ってやってきた学生もいます。しかし、日本人の友人と話すと、「慰安婦」問題や人権問題に対する理解があまりにもないとショックを受けることが少なくありません。これでは、韓国人学生からすると、自分がどんなに頑張っても日韓友好は実現できないのです。日本人側が変わらなければどうにもならない問題です。そのような韓国人学生の苦しい思いを聞いたときに、私は、そうした日本の状況をつくっているひとりの人間として、申し訳ない気持ちでいっぱいになります。

■植民地支配とはどんなものか

――では、日本の植民地支配とはどういうもので、どのような実態だったのですか。

〔虐殺のうえでの植民地化〕

まず、強調しなければならないのは、朝鮮民族は自主的に近代的民族国家を形成しようとしていたにもかかわらず、日本の侵略がそれを阻止してしまった事実の重大性です。また、武力によって強圧的な侵略が行われ、植民地化がなされましたが、その過程で多数の朝鮮人が虐殺されました。朝鮮側に支配への合意などまったくありませんでした。

ところが、このことが学生や高校生たちには伝わっていないのです。最近、学生たちにヒアリングをしたところ、教科書に掲載されている「韓国併合」という言葉が、イギリスなどが行った植民地支配とは違うもので、それほどひどいものではなかったという印象を与えるということです。「韓国併合」は、当時植民地化を合理化するために日本側がつくりだした言葉ですから、歴史学ではカギ括弧をつけて使います。しかし、そうした留保抜きに教科書に記載されると、植民地化が暴力的なものだったということがイメージできないようです。これは歴史教育の課題といえるでしょう。なお、現在の教科書には、三・一運動や安重根《アンジュングン》などの単語は掲載されています。その意味で、上の世代に比べたら歴史用語はある程度知っているわけです。しかし、認識は深まっていないのです。

朝鮮人虐殺のうえに植民地化がなされたということが、きちんと認識されなければなりません。これも言葉の問題ですが、「日清・日露戦争」と言われますけど、実際はいずれも朝鮮侵略戦争だったのです。

三万人から五万人の朝鮮の農民軍が虐殺された日清戦争（一八九四〜一八九五年）では、中塚明さん（奈良女子大学名誉教授）が強調しているように、日本では朝鮮王宮占領事件（一八九四年）などが隠蔽されてきました。日本公使らによる明成皇后（閔妃《びんひ》）殺害事件（一八九五年）も重大です。その後、植民地化政策への朝鮮人の抵抗運動である義兵が蜂起しますが、それに対して凄惨《せいさん》な虐殺がおこなわれました。

三・一運動のときにも、日本軍・警察による朝鮮人虐殺がありましたが、その人数については、約七五〇〇人という朝鮮側の記録がありますし、あるいはもっと多いのではないかとも言われています。間島《かんとう》虐殺（一九二〇年）、関東大震災時の朝鮮人虐殺（一九二三年）も重大な事件です。このような剝き出しの暴力をともなう支配が行われたのです。

支配の実態としては、イデオロギー的側面から見ますと、天皇制強要の問題が重大です。異民族の王である天皇への崇拝を強要したのです。これは一九三〇年代後半以降の戦時期の神社参拝強制などにとどまらず、植民地支配の初期から行われています。たとえば一九一二年に明治天皇が死んだとき、警察官が街頭に立って喪に服すことを強制しています。また、大正天皇の「天長節祝日」に、警察の指導の下で、日の丸を掲げさせ、実際に掲揚されているかどうかを警察が一戸一戸チェックすることもやっています。天皇制は、天皇の恩恵を平等に与えるというイデオロギーを振りまき、支配を正当化していたわけです。しかし、抵抗する者は弾圧し、決して朝鮮人を平等に扱うことはなかったのです。

〔朝鮮民衆に絶対的貧困が強制された〕

植民地支配を理解する上で大切なのは収奪の実態です。この間、日本の歴史学者はあまり植民地収奪を正面から論じていないように思いますが、これは問題です。朝鮮民衆に絶対的貧困が強制されたのです。

植民地支配は、日本の経済発展のために、朝鮮を従属化させ、収奪し、日本人が莫大な利益を上げる体制であったことを見なければいけません。

とりわけ一九一〇年からすすめられた「土地調査事業」では、土地所有権の確定が日本人や地主などに有利な形で行われました。また「事業」によって、重層的な権利関係が否定され、耕作権を失う農民が発生し、共有地などは「国有地」とされていきました。「国有地」とされた土地は、日本の国策会社・東洋拓殖株式会社などに払い下げられました。また、土地所有権の確定は、植民地支配の財政的基盤を確保することにもなったのです。

一九二〇年代の「産米増殖計画」は、日本人に食べさせるための米を増産させるというもので、朝鮮を日本の食糧基地化するものでした。米の生産量は増えましたが、それ以上に日本に米が渡り、朝鮮人は自らつくった米を食べられない飢餓輸出状態となったのです。

こうした政策のなかで植民地地主制が強化されていきます。特定の地主（日本人や前述した東洋拓殖株式会社等）に土地が集中したのです。全羅北道等の穀倉地帯では、特に日本人の大地主が形成されました。三菱財閥の創始者の岩崎弥太郎の長男である岩崎久彌《ひさや》や、大倉財閥を経営した大倉喜八郎、細川家の第一六代当主であり大物政治家の細川護立《もりたつ》など、日本の政財界を牛耳る人物たちが、大地主となり、高額の小作料を課し、莫大な利益をあげたのです（許粹烈『「植民地近代化論」、何が問題なのか』韓国独立紀念館、二〇一七年）。

こうしたなかで朝鮮人の生活はどんどん難しくなり、草根木皮で飢えを凌ぐという事態になります。朝鮮人の平均身長が低下しました。行き倒れ（行路死亡者）数は日本国内の日本人の人口比の約一五倍となりました（樋口雄一『戦時下朝鮮の農民生活誌』社会評論社、一九九八年など参照）。

具体的な様子を示した新聞記事を引用しておきます。なお、記事内の「面」とは日本でいう「村」のことです。

「惨憺たる金堤農村」（「東亜日報」一九二八年二月二三日付）

竹山面「我々の面の総耕地面積は二四〇〇余町歩に達するが、日本人所有が八割であり、朝鮮人所有はようやく二割に過ぎない。農家戸数が一一五〇余戸に達するが、自作農は四戸に過ぎず、そのほかはすべて小作農である」

白鴎面「住民の約八割五分が小作農である。小作料が実際には五割ないし六割に達しているので、彼らのほとんどは小作料を納付する日にすぐに食糧が絶えてしまう暮らし向きである。特に飲料水が足りなくて問題である」

これらは全羅北道という地域に関する内容で、前述したとおり穀倉地帯です。そこでは日本人の不在地主が集中し、大多数の朝鮮農民は貧困状態になっていったのです。人々は土地を失い、小作権すら失うことも多かったのです。

植民地収奪は強制労働動員とも密接な関係があります。戦時期の強制労働動員は、特に一九四四年以降には物理的暴力による連行が相次いだことは史料からも明らかになっています。他方、初期の一九三九年から四〇年くらいまでの間は、表面的には、日本側が募集をかけるとそれに応じる人たちがいました。このことをどう理解するべきでしょうか。内実は、徹底的な植民地収奪によって生活が破壊され、とても暮らしていけないので、工場などでよい条件で働けるのだったら働きたいという思いだったわけです。植民地支配による貧困の強制がなければそのような選択をする必要はなかったのです。さらに重大なのは、本人たちの意思に反して危険な炭鉱等に動員されたということ、しかもいったん来てしまえば労働を強制され、帰ることはできなかったのです。以上から、植民地収奪によってつくりだされた貧困による強制が確認できますし、何よりも就業詐欺による強制労働であることが指摘できるわけです。このように表面的に「募集に応じた」と見えても、紛れもない強制なのです（山田昭次ほか『朝鮮人戦時労働動員』岩波書店、二〇〇五年）。

植民地収奪の問題を抜きにして強制労働動員の問題を考えると、「朝鮮は元々貧しいところだったが、そこに日本が仕事を与えてやった」というような、全く誤った歴史認識も生じかねません。また、「日本の農村が貧しかったのと同じで、朝鮮も貧しかった」というような、問題の本質を歪める理解にもつながりかねません。異民族支配によって貧困を強制され、そうした状況のなかで農村社会から引き剥がされ強制労働をさせられたという暴力性が見逃されてしまい、被害が矮小化されてしまいます。

「慰安婦」制度の被害者も、到底生活していけない状態のなかで、行った先で何をするのか本当のことは知らされず、「工場で働いて稼げる」などと言われ、騙されたケースが少なくありません。絶望的な状況からの脱出を願ったわけですが、悲惨な体験を強要されたのです。

〔強制労働は戦時期だけではない〕

先にも述べたように、植民地支配の歴史は、日清・日露戦争からの流れのなかで考えることが大事なのですが、強制労働問題も同じです。一九三九年から突如として強制労働動員が始まるのではなく、日本側はそれ以前から朝鮮人に強制労働をさせてきました。それは日清戦争の段階ですでに確認することができます。日本軍は日清戦争で朝鮮人人夫を強制徴発して、監視しながら労働させていたのです（朴宗根《パクチョングン》『日清戦争と朝鮮』青木書店、一九八二年）。

一九一〇年代は軍事的な理由から道路を建設したりしています。日本の大陸政策を遂行するという観点、さらに独立運動を弾圧するという点で重要だったわけです。そこで道路を強権的に敷いていきますが、当時の様子を観察した資料には次のようにあります（広瀬貞三「一九一〇年代の道路建設と朝鮮社会」『朝鮮学報』一六四号、一九九七年）。

「憲兵の之〔道路〕が開設を命ずるや、頗る厳格にして、先づ任意に道路の経由すべき地域を決定し、人民に命じて其土地を寄附せしむ。而して後愈々工事に取懸るや、再び命令を発して負役を募るなり。百姓は自己の田畑を没収せられ、剰へ自己の労力を提供して、自己の田畑を潰すを怨めども、如何せん官憲の命令ならば、之を否むに由なきなり」（中野正剛『我が観たる満鮮』一九一五年、五〇頁）

憲兵によって労働が強制されていたのです。この記述以外にも、遠方から動員された朝鮮人が、宿に泊まる金もないので野宿しながら、道路建設に従事させられたという話が記録されています。労働の現場では、日本人の監督らによる朝鮮人への暴行事件も多発しています。

さらに一九二〇年代、新潟県信濃川支流の中津川での信濃電力工事株式会社の工事における朝鮮人虐殺事件がありました。朝鮮で聞いていた労働条件と異なる条件で強制労働をさせられ、それへの抵抗などがあったのですが、そこで朝鮮人の虐殺事件が起き、会社が隠蔽したのです（鄭栄桓「在日朝鮮人の形成と「関東大虐殺」」『植民地朝鮮』東京堂出版、二〇一一年）。厳しい労働環境で、人権侵害や虐殺がすでに行われていたのです。戦時体制のなかで国家総動員法に基づいて行われるのが一九三九年以降の動員ですが、それ以前から似たようなことがすでに起こっていたのです。

戦後、水俣病を引き起こした日窒（チッソ）は、一九二〇年代以降に朝鮮東北部興南に巨大な化学肥料工場を強権的に建設し、収奪経営をします。次に示すのは、当時朝鮮の日窒で働いた日本人による証言ですが、日本人が朝鮮人に対してどのような感覚を持っていたかがわかります。

「朝鮮人が死んだって風が吹いたほどにも感じない」「朝鮮人とどうやって仕事するか上から指示があった（略）。『朝鮮人はぼろくそ使え。朝鮮人からなめられるな』といわれた。朝鮮人は人間として見るな、人間の内に入れちゃならんぞという指示じゃ、て私はすぐ思った」（岡本達明ほか『聞書水俣民衆史5　植民地は天国だった』草風館、一九九〇年）

以上のような経緯を見ていきますと、一九三九年以降の強制労働動員が、一九世紀末以来の朝鮮人の強制労働の積み重ねのうえにあったことがわかると思います。一九世紀後半以降の朝鮮侵略の過程で、朝鮮人を人間扱いしない日本人の認識が強化されていき、その帰結として一九三九年以降に全面的な奴隷労働の強制が遂行されたのです。

　また、いま問題とされているのは主に日本への動員ですが、日窒などの朝鮮内の労働現場でも強制労働動員は行われました。これらの実態は十分に明らかにされていません。

■いま、求められていること

――では、いま、私たちが、植民地支配の歴史に向き合っていくために、何が求められているのでしょうか。

［告発の声をきちんと受けとめる］

　まずきちんと告発の声を受けとめることだと思います。朝鮮半島の人々の、植民地支配やそれを正当化する現在の日本に対する批判は正当なものだということを、まず認識しなければなりません。この問題に関しては日本側に全面的に非があるのです。この問題を受けとめたくない人は、学者も含め、「日本政府にも問題はあるかもしれないが、韓国政府も悪い」と言ったりします。重大な国家犯罪として、植民地支配と侵略戦争があったわけで、そのことを起点にして考えないと問題の本質がわからなくなってしまいます。

　重要なのは、抑圧された朝鮮人の視点から、侵略戦争や植民地支配を学ぶということです。強制労働動員の被害者や「慰安婦」被害者の証言をきちんと読むなどして、その人一人ひとりの人生にとってどういう意味があったのかを考えないといけません。いま、「徴用工問題」や「慰安婦問題」と言ってあたかも記号かのように扱われています。被害者の人生はどのようなものだったのか、そして、その人生を日本側はどう破壊したのか、といったことへの想像力が、日本側には決定的に欠けています。

強制労働動員の問題を例にすれば、労働そのものが厳しかったということに加えて、その後の人生についても想像力を及ぼす必要があると思います。強制労働によって心身を傷つけられ、その後の人生が大きくゆがめられたという人も少なくありません。強制労働動員によって稼ぎ手を奪われたことで、経済的に立ちゆかなくなった家族もいます。強制労働動員された家族の死を知らされず、戦後も長い間捜し続けた例もあります。亡くなった被害者の家族が、被害を告発し続けているケースもあります。このように家族や周囲の人びとにとっての意味も考えてみる必要があるわけです。

同時に、強制労働動員や「慰安婦」制度の被害は、あくまでも氷山の一角に過ぎないということも強調しておきたいと思います。すでに指摘したように、日清戦争の時期から強制労働はあったわけですし、民衆虐殺もありました。本来なら、そうした被害の問題にどのように向き合うのかが問われなければならないのです。最終的には、明治初期からの日本近現代史全体に対する批判的認識の確立が必要です。

〔学び、語り合う場を増やす〕

日本社会を変えていくためには、植民地支配の問題について学び、語り合う場を増やしていくことが大事だと思います。印象的な出来事を紹介します。韓国に留学して歴史学を勉強している日本人の学生と知り合ったのですが、その学生は日本ではとても本当のことは勉強できないと思って韓国に行ったということでした。その学生と、私のゼミの学生が韓国でいっしょにフィールドワークをしたのですが、「日本人のなかでも歴史の問題を真摯に考えている人がいることを初めて知った。勇気をもらった」と言っていました。

そうした点では、市民団体の「希望のたね基金」(キボタネ)の取り組みは重要です。私もこの団体の理事をしているのですが、日本軍「慰安婦」問題について学ぶ、若者限定の韓国ツアーを格安で毎年実施しています。このツアーを通じてはじめて「慰安婦」問題の事実を知り真剣に考えるようになったという学生もいます。このツアーに参加した学生たちが、今年の八月一四日の「慰安婦」問題のメモリアルデーの集会で発言し、自分の言葉で日本の歴史認識の問題を語っていました。まだ文字通り「たね」ではありますが、新しいネットワークが生まれてきているのです。若者の学習や活動を経済的にも支援することが大事です。

植民地支配や「慰安婦」問題を学び、考えることは、本来はあたりまえのことであるべきです。それは民主主義社会をつくりあげていく上でも重要な行為といえます。ところが、今の日本社会ではそうした実践に対する拒否感が強いのです。そうした状況を変えるために、さまざまな人がこの問題を語り、この問題を語ることは当然なのだという雰囲気をつくっていかなければなりません。

植民地支配の不法性を認める

必要なのは、植民地支配の不法性を認めることです。こうした認識を確立することは、植民地支配責任を「人道に対する罪」として裁いていこうという世界の流れにも棹《さお》さすものです。植民地化過程で朝鮮人が強力に抵抗し、日本の侵略を徹底的に批判していたこと、それを日本が武力をもって暴力的に弾圧したことから見ても、日本の朝鮮植民地支配は不法といえます。そうした認識を基盤に、謝罪と賠償、真相究明と再発防止措置をとることが必要です。強制労働動員や「慰安婦」問題の不法性とともに、植民地支配全体を問わないと、問題の本質にはたどり着けません。

そのなかで天皇制の問題も見逃せません。二〇一九年の「代替わり」において、日本はお祭り騒ぎのようになったところがありますが、それを見て日本に住む韓国人の友人たちは「とても恐い」と言っていました。日本人の多くは、いま天皇制と戦争責任の問題は避けがちです。しかし、天皇制は植民地支配と侵略戦争に重大な責任を有するものであり、それが裁かれないままであることは異常なことです。この間、侵略戦争と植民地支配を正当化する日本の姿勢が露骨になり、また、天皇制礼賛のムードが強まる中で、日本の最も根本的な問題として天皇制と植民地主義があることが、これまでにも増して明確化してきたように感じています。

日韓関係への危機感からか、日韓の「和解」を急ぐべきだという発想を持つ人も少なくないようです。しかし、安易な妥協をし、被害者を置き去りにすることがあってはなりません。「被害者中心アプローチ」が必要です。

多くの人が、「被害の回復というけれど、いつまでやったらいいのか」「ゴールが見えない」と感じているようです。そもそも、日本側は何もやっていないのです。「ゴール」という発想は浅はかです。加害者側が開き直るようなことがあってはなりません。「解決の条件を示して欲しい」という意見も聞いたことがあります。「ここまでやればOKだ」ということではないのです。もちろん被害者の尊厳や人権の回復は早急になされなければなりませんが、重大な人権侵害や国家犯罪を、安易に「解決できる」と考えること自体、一度疑ってみる必要があります。植民地支配が取り返しのつかない犯罪であることを十分に認識した上で、被害者の人権や尊厳を回復するために何ができるのか、真摯に考え、実践することが私たちの課題ではないでしょうか。

真の意味で人権が尊重される社会とはどのような社会なのかを考えながら、社会を変革する取り組みを続けていくことが大切だと思います。

朝鮮半島の情勢は、もちろん紆余曲折があるでしょうし、今後もどうなるかはわからないところはあります。しかし、「ろうそく革命」による文在寅《ムンジエイン》政権の誕生と、朝鮮民主主義人民共和国の金正恩《キムジョンウン》政権による朝米融和・南北融和政策という外交政策の転換のなかで、朝鮮半島の民族自主と、平和・統一が全面的に追求されるようになってきています。日本側は朝鮮の自主的な国家建設を阻んだ当事者ですから、このような朝鮮半島側の主体的な転換を正面から受けとめて、その意義を認識しなければなりません。

（かとう・けいき／『前衛』二〇一九年一一月号）

強制連行・強制労働の犠牲者の遺骨発掘・返還を通じた韓国との交流

殿平善彦（一乗寺住職・NPO法人東アジア市民ネットワーク代表）

——戦時下の強制連行・強制労働で亡くなった日本人と朝鮮半島出身者の遺骨と位牌を安置し、その歴史を展示する北海道雨竜《うりゅう》郡幌加内《ほろかない》町朱鞠内《しゅまりない》の「笹の墓標展示館」（旧光顕寺）が、二〇二〇年一月、完全に倒壊し、その再建に向けた取り組みがはじまっています。この場で積み上げられてきた、犠牲者の遺骨発掘・返還の取り組みについて話をお聞きしました。

■雨竜ダム工事での犠牲者の遺骨

——まず、殿平さんが遺骨の発掘・返還にかかわるようになったきっかけは。

［引き取り手のいない位牌］

一九七三年、学生生活を送った京都から北海道に帰ってきたとき、私は北海道で始まっていた民衆史掘り起こし運動に出会います。北見市の小池喜孝さん（岩波現代文庫『鎖塚』の著者）がキーマンで、北海道における近代の民衆の歴史を発掘しようというものでした。同時に、それは、犠牲になった人びとの遺骨も掘ろうという運動でもありました。そういう運動に直接出会って、刺激を受けるのです。地元の歴史をもう一度見直すということは、たんなる郷土史にとどまらず、北海道の近代史、日本の近代史に直結していくテーマにもなっている、そういう課題を自分たちで実現したい、取り組んでみたいと考えていました。

そういうとき、私が住む深川市多度志《たどし》から六〇キロほど北に上ったところにある幌加内町の朱鞠内に雨竜ダム工事での犠牲者の遺骨が埋まっている、その現場に出合うのです。一九七六年九月初めに、友人とたまたま朱鞠内に遊びにいきました。そこで地元のおばあちゃんから、「引き取り手のない位牌があるから見てくれ」と言われ、私たち二人で光顕寺を訪れると、裏の引き戸のなかから段ボールに入った八十余りの古ぼけた位牌が出てきました。位牌には、たとえば「釋顕信　昭和十五年八月十三日寂」「俗名　金顯權　二十三歳」というように亡くなった人の本名と年齢が記録として書いてありました。ほとんどの位牌が戦時下のダム工事あるいはいっしょに行われていた鉄道工事の時期とぴったり重なっています。年齢が書かれてあり、若い方は一五歳という人もいて、主には二〇代〜四〇代です。日本人と朝鮮人の若者たち八十人余りの人たちが、五、六年の間に朱鞠内の山のなかで死んだという異常なことがあったのです。そのときにこれはダム工事の犠牲者ではないかと直感はするわけですけれども、証明できているわけではありません。こうして歴史調査に着手することになったのです。

小池さんからのアドバイスで、私たちは幌加内町に保存されていた埋火葬認許証という記録を見せてもらうことにしました。その記録を見てみると、位牌の名前と重なります。そこで見つかったダム工事と鉄道敷設工事の犠牲者は一一〇人、うち朝鮮人は一五人でした。ここは日本人の犠牲者の多い現場だったのです。聞くと、戦時下のタコ部屋労働だったところで、そのタコ部屋がもっとも過酷になった時期に、朝鮮人の強制労働が重なった。こうして大きな規模で、一九三八年から四三年の六年間にわたってダム工事が行われたのです。朝鮮人の移入者は三〇〇〇人程度いたという記録も出てきました。日本人についてはどれくらいだったのかは、数もわからない。

〔笹で覆われた藪に埋められていた〕

埋火葬認許証は、埋葬か火葬かを選択する表題になっていて、圧倒的に埋葬でした。そこでダム工事に直接携わった光顕寺の檀家のおじいさんに、「どこかに埋まっているのですかね」と聞くと、「おう、案内してやるぞ」と言われ、村の共同墓地の裏側にある笹で覆われた藪《やぶ》に案内されました。そこは個人が所有する土地でした。

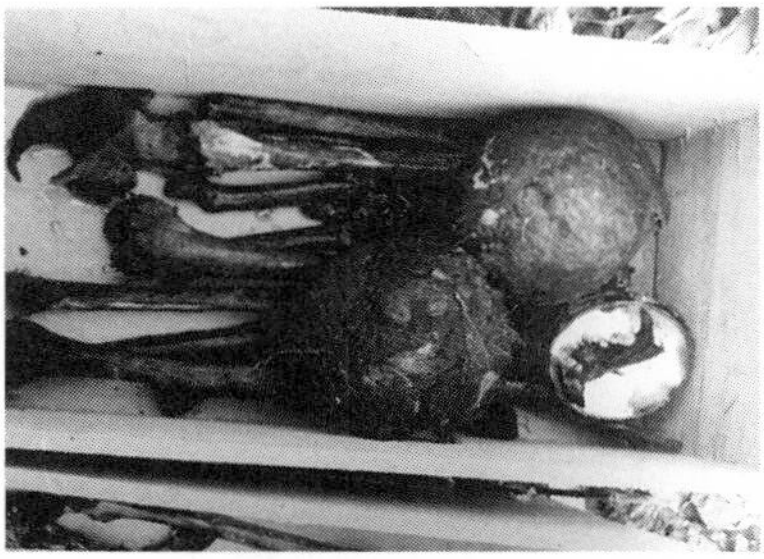
発掘された遺骨

遺骨発掘現場につくられた犠牲者の墓

藪の中に入っていくと、あちこちくぼんだところが見えました。「ここに遺骨が入っているぞ」と言うのです。肉体が朽ちると骨だけになり、空間ができるため、土が落ち込むのでしょう。そういうところがあちこちにあった。私たちはすでにオホーツクの民衆史講座の運動を知っていましたから、「ここに入っているのは日本人と朝鮮人のタコ部屋労働者であり、朝鮮人の強制連行労働の犠牲者だ。これをきちっと発掘するということが私たちの仕事だ。みんなで掘ろう」となりました。

発見したのが一九七六年、最初の発掘は一九八〇年五月です。地元の方と話し合いをくり返し、地元に納得してもらうために、時間をかけました。やはり檀家の人たちにも、追悼の気持ちがありました。戦後は自分たちの生活再建もあり、大変でしたでしょう、そんな時期にはこれらの遺骨をどうにかするということは難しいことであったのだと思います。しかし、犠牲者が眠り続けている現場がある。檀家の人たちも工事の体験者であったり、当時の労働現場を見た人たちだったのですから、その労働がどんなに過酷なものだったかを知っていたわけです。彼らもいつかは何とかしたいと思っていたに違いありません。

そうしたときに、私たちと出会ったのです。つまり、私たちは何もないところで、こうした取り組みをはじめたのではなく、地元の人たちの記憶の継承があったということです。こうして民衆史運動に触発された出会いが、発掘という事業を呼び起こしていったと言っていいのではないかと思います。

■遺族を捜す

——朱鞠内で発掘を行うようになり、発掘された遺骨の遺族を捜すということも行われるようになったわけですね。どのように取り組まれたのですか。

[遺骨の個別性はわからなくても]

日本政府が続けてきた戦没者の遺骨収集は、遺族に遺骨を返す意思がないというのが特徴です。あくまで国家が引き取るという考え方です。シベリアや南太平洋などで遺骨を掘っていますが、基本的に現地で焼骨する。そして千鳥ヶ淵に入れてお終いです。もちろん、以前はDNA鑑定などはできず、遺骨を個人に特定するのが難しかったとはいえ、遺骨には個別性が必ずあり、そこに遺族がいるというのは、想像力を働かせればわかるはずです。私たちは、それは当然のように考えました。だから、発掘前から遺族調査をやったのです（日本政府も最近は遺骨を焼却せず持ち帰り鑑定するようになったようです）。

朱鞠内の遺骨についても、まず埋火葬認許証にもとづいて、日本人の遺族には手紙を出しました。それは古い住所ですから、私たちはまず、対応する自治体に手紙を出し、「この人の遺族を捜している。ついてはこういう人がいるかいないか、除籍簿などを調べてほしい」とお願いしました。いまなら個人情報云々で相手にしてもらえなかったかもしれません。しかし当時はほとんどの自治体が「こういう遺族が残っている」などの返事をくれたのです。そして、私たちはその遺族に手紙を出し、日本人の遺族は相当見つかりました。その後、八〇年代の発掘のときには、遺族の何人かは発掘に立ち会ってくれました。

ただ、あのころは私たちも発掘した遺骨を焼いたのです。日本人に多い宗教的心情なのでしょうか、生の骨のままでは粗末だとの思いがあり、発掘されたら焼かずにはいられなかったのです。しかし、焼くと遺骨の持っている情報は全部消えてしまう。それでも焼かずにはいられなかった。焼いて骨壺に入れて仏様の前にお供えして、「これで少し死者も慰められるのではないか」と考えた。

当時発掘した日本の遺族は、「それでいい」と言ってくれました。出てきた骨の個別性はわからないわけですが、でも、そのなかの一つを「私の父のお骨として持って帰ります」と言ってくれた。お骨にはそういう側面もあるのだと思います。一九九〇年代の発掘からは、遺骨を焼却することを止めました。

［最初の韓国への訪問］

問題は朝鮮半島の遺族です。七〇年代から八〇年代の時期は、連絡を取ろうにもどうしたらいいかわからない状況にありました。ただ朱鞠内における朝鮮半島の犠牲者は、圧倒的に南側から来ていて、犠牲者については、本籍地の記載があったのです。当時、私たちといっしょに遺骨発掘をしていた蔡晩鎮《チエマンジン》さんは、朱鞠内ではありませんが、赤平《あかびら》や幌加内沼牛の土谷クロム鉱山、鷹泊《たかどまり》などで強制労働をさせられ、九死に一生を得た朝鮮人です。自分がいかに生きのびたかを語り続けた人でしたが、彼が、韓国の本籍地と名前しかわからない犠牲者に「手紙を出そう」と言うのです。私は「蔡さん無理だ。本人は北海道で死んだのだから、手紙を出してもダメでしょう」と言いました。しかし「ほかに方法はあるか」ということになり、本籍地がわかっていた一四人に本人あての手紙を出したのです。死者あての手紙です。一九七七年春のことです。

すると一カ月経たないうちに、七通、犠牲者の遺族から返事が返ってきたのです。これには驚きました。蔡さんはそれを泣きながら読む。すでにお骨は受け取ったという人、受け取っていない人などいろいろな人がいました。お骨は全部埋まっているわけではなく、遺族に返った遺骨があることもわかりました。しかし、遺族は「でも何の補償もない。どうしてくれるのでしょうか」という文面でした。ところが、返事を受け取った後、連絡は来なくなってしまいました。

そこで「もうこうなったら訪ねていこう」ということになります。しかし、当時は全斗煥《チョンドゥファン》の時代です。また日本からの韓国観光は、始まったばかりの妓生《キーセン》観光といわれていた時代です。行けるのかどうかもわからないし、韓国人につてがあるわけでもない。そうこうしているうちに、お坊さんで韓国から日本へ来てお説教している人がいることがわかりました。私はそのとき富山まで会いに行きました。尹萬榮《ユンマンヨン》さんという方で、「よし、わかった。協力してやる」と言ってくださり、朱鞠内まで来てくれたのです。その人を頼りに、八二年一〇月に、私は友人と二人で、韓国へ行ったのです。

行って四家族に会うのですが、多様な遺族がいました。「遺骨は受け取っているけれど補償もない」という人、会うこともできなかった遺族もいます。私たちに寄せられた言葉は、「お前ら何しに来たのだ」という本当に厳しいものでした。そもそも、日本人がやってくるなど信用できるかということがあったと思います。戦後三〇年余り、日本で死んだということは知っていたとしても、何の謝罪も補償もないという状況に置かれていた人たちです。私たちは、「私の息子が沖縄で死んだ。何の連絡もない。とにかく捜して連絡は取れないのか」と言われたり、場所によっては、老人たちに取り囲まれて、「お前ら、何しに来た。いったいわれわれの犠牲に対してどういう補償をするのだ」と言われる。尹さんがパッと間に入り、「この人たちは調査に来ただけで、何も関係ないのだから、詰問してもダメだ」と言っておさめてくれましたが……。一九八〇年代初頭は、遺族の方も経済的には貧しい状況のなかにありました。

しかも独裁政権のもとにありました、後から在日韓国人を通して、「あいつら捕まえようと思ったら、いつでも捕まえられたのだ」と言われていたということも聞きました。旅行中ずっと後ろから誰かにつけられ、監視されているという意識を外せなかった。遺族からは冷たい目で見られ、とりつく島もない一方で、恐ろしい体験でもありました。帰ってきて成田に降りて、ロビーに出てから三〇分以上私たちは動くことができず、「ここまで来たら捕まることはないだろう」と思ったものでした。ただ、「とてもすごい厳しい話を聞いてきた。日本人はこれを誰も知らない。だから、私にはこれを日本に伝える責任がある」ということも同時に感じたのでした。

あれからもう四〇年近く経ちます。しかし、問題の基本的な構造は変わっていないのです。日本からは何の補償もない、遺骨も必ずしもすべて返っているわけでもない。さまざまな変化は起きましたが、犠牲を背負われた人たちは、もう多くの人たちがお亡くなりになり、世代も交代しているとは思いますが、その思いは変化していないのだろうと思います。

■北海道での被害にみる植民地主義

――その後、北海道全体の強制労働や遺骨のことにかかわられるようになりますね。北海道にはどういう特徴があるのでしょうか。

「タコ部屋」労働から強制連行・強制労働へ

二〇〇五年からは宗谷郡猿払《さるふつ》村浅茅野《あさじの》台地での陸軍飛行場建設（一九四三～四四年）における強制連行犠牲者の発掘にもかかわりました。判明している犠牲になった労働者は一一八人にのぼり、うち朝鮮人が九六人です。西本願寺札幌別院には、戦後、長い間一〇一体の朝鮮人、中国人などの強制連行犠牲者の遺骨が残されていたのですが、一九九〇年代に、遺族の同意もなく合葬されるということがあり、その解決と奉還にもかかわりました。北海道には、私たちが知っているだけで、一九カ所の遺骨発掘・安置の場所があります。

北海道がある意味では植民地だったことが重要な点だと思います。朝鮮半島に対する植民地化は、戦後、ある種の忘却が起きたと思いますが、アイヌモシリであった北海道も、アイヌの権利を一方的に剥奪しながら、日本政府が内国化してきた土地です。私たちの先祖、父母やおじいちゃんおばあちゃんは、植民者として北海道に入ってきたわけです。

北海道の開拓史は、開拓の労働力をいかに確保するかが大きな問題だったと思います。明治中期以後、労働力の確保のために暴力的、強制的な方法として「タコ部屋労働」が生み出されるわけです。この「タコ部屋労働」の持つ意味は、日本の植民地主義と深くつながったものだと思います。ある種の常識的な人間観、人間的な労働現場という箍《たが》を外し、「何でもできる」という考えになる。人の見ていない隠された場所という認識が植民地に対してはあったのです。

そういう「タコ部屋」という底辺労働、重労働をさせる強制労働の延長線上に朝鮮人の強制労働があると思います。「タコ部屋」の若者たちも戦争には取られていきますから、その後を補充したのが朝鮮人ということになれば、土木や炭鉱の下請けなどの現場にあった、「タコ部屋」あるいは「タコ部屋」とほとんど同じ扱いをする労働環境に朝鮮人が投入されていくことになります。もちろん多様性はあり、すべてがそうだったとはいえないと思いますが、圧倒的な現場がそういう状況のなかにあったのではないかと思います。

もう一つは、日本と朝鮮の物理的な距離の問題もあると思います。同じように過酷な強制労働が強いられた現場としては、九州があります。筑豊などの炭鉱地帯でも、朝鮮人はたくさん使われた。全国で少なくとも約七〇万人が使役されたと言われていますが、うち北海道で一四万五〇〇〇人くらいの朝鮮人が働かされた。九州の現場も多くの朝鮮人労働者がいました。ただ、九州は朝鮮に近いのです。だから、犠牲者が出ても遺骨なども比較的返りやすかった。受け取りに来ることも可能だった。さらに炭鉱の坑口などを訪ねてみると、九州は圧倒的に町のなかです。炭鉱街の町の、あるいはその近くに坑口がある。だから犠牲が出ても、どこかに埋めてしまうことなどしにくかったのではないか。

猿払村浅芽野飛行場建設工事犠牲者の追悼碑（旧光顕寺境内）

　北海道の労働現場は、炭鉱であれ、土木現場や飛行場建設であれ、みんな山のなかか郊外です。もともと人里離れたところにあるのが「タコ部屋」なのです。過酷な扱いをすることを近隣の住民には基本的に見せない。そういうふうにして「タコ部屋」は経営されてきたのです。こうして遺骨は北海道では残され続けたのではないかと思います。だから遺骨問題に取り組んで、みんなで集まって発掘する現場は、北海道以外はなかなかない。北海道というのは、そういう現場を抱えた場所だという特徴があるのかもしれません。

〔意識下に押し込められていた差別観がいま〕

　私たちが発掘に取り組むことになったのには、北海道の民衆史掘り起こし運動の存在があります。これも幸運だったといえます。まだ、「タコ部屋」や朝鮮人強制労働をそばで見てきた人や、直接の体験者がいる時代でした。だから私たちがそういう記憶を継承すること、現場を教えてもらうということもできた時代だったのです。いま、そういう人たちが急速に亡くなっています。もう朱鞠内の現場で働いていた人を紹介してくださいと言われても、〝誰もいない〟となりつつあるのです。

一方で、日本政府には、植民地と植民地支配の記憶は意識的に忘却を試みるという面があります。例えば私の経験でも、そのことがきちんと自分のなかで自覚的になるのは、北海道に帰ってきて、民衆史運動にふれたりしながら自分たちの近代史について、植民地主義的な過去に向き合うようになってからです。戦争の記憶というのは、忘却するわけにはいきません。原爆などの被害は継承するとりくみもあります。これに対し、植民地支配の歴史は、学校教育も含めてほとんどまったくといっていいほどふれられない。その結果、植民地支配や植民地に関する記憶の忘却が起きたことは、間違いないと思います。

ただ、日本の政治的支配層のなかには、逆の意味で記憶の継承があるということもよく見る必要があります。植民地支配を合理化する、あるいは「あれはじつはよかったことだ」「日本の過去の恥部というものではなく、むしろ栄光の歴史の一部だ」と考えている。日韓条約が締結されるプロセスのなかで、日本政府の高官たちが韓国政府に対して発言し続けてきたこと（久保田発言、高杉発言）は、いかに植民地支配が正当なもので、「日韓併合」後を栄光の日本近代史として主張したい気持ちがあるのかを示しています。もちろん、交渉のなかでは支配された側は「けしからん。ちゃんと謝罪と補償をしろ。あれが不法なものだったこともはっきりさせろ」と主張したと思いますが、日本の側からは、「それはじつはそんなに悪いことじゃなかった」「朝鮮に対してわれわれはいいこともしたのだ。感謝してもらった方がいいのだ」といい続けてきたのです。

そういう意識のなかにある植民地支配の記憶は、アジアに対する日本人の差別観、蔑視観も伴っているものだと思います。それは、戦後、意識下に押し込められていたところはあるとは思いますが、それもいっしょに忘却したかというと、そちらはずっと引きずり続けてきたのではないか。私は、自分たちの過去をきちんと批判的に見る意識を失ったまま、アジアに対する蔑視意識を、日本の政府高官や安倍さんだけでなく、国民的規模で引きずり続けてきたのではないかと思います。それが、いま噴き出てきている。

戦後の在日朝鮮人の歴史を見ると、日本政府がやってきたのは弾圧の歴史です。私たちは自分たちの隣人が不当に扱われ、そしてさまざまな抑圧を経験し、我慢を強いられるという状況を、見過ごしてきた。朝鮮学校を無償化の対象から外したことに対し、「それは当たり前だ」と思い込んでいて、無償化を保障されない人たちの経済的、精神的痛みに対する想像力は働いていないのです。克服されていない植民地主義がそこに表現されていると思います。

もう一つは朝鮮民主主義人民共和国です。拉致問題もありましたが、共和国に対する露骨な差別意識、蔑視観は、ほかの国に対しては見られない露骨なものです。

そして、私は最近の文在寅《ムンジェイン》政権に対する日本政府の対応を見ていると、かつての植民地主義でやればいいと考えているようにみえます。保守政権のときは遠慮していたけれど、左派政権になったから、この際徹底的にやってしまえと。しかもそれを政府だけでなく、マスコミや出版ジャーナリズムも煽る。

一九九〇年代には、反省的に語られた時代もあったわけですが、いま社会に「犠牲になった人たちは補償されていないのだから、ちゃんとその犠牲に報いる必要がありますよね」と言っても、かならずしもその意見に同調してくれません。これを私たちがどう考えるのかが問われている。自分たちのなかで、基本的な意識構造の転換をできていないということに気付かされます。それは、ある意味での「内なる植民地主義」のようなものです。もちろん政府に大きな責任がありますが、政府に「お前たちが悪い」といっているだけでは済まないものがあると私は思います。

■韓国との交流で培ったもの

――遺骨の返還をとおして、韓国とのあいだでどんな交流をすすめられてきたのでしょうか。

［市民として共有してきたこと］

一九八〇年代の初めに訪ねて行ったころは、とりつく島もないという感じでしたが、その後、私たちにとって幸運だったのが、韓国の民主化運動とつながったことです。私たちも、韓国に対するパイプはいろいろさぐってきました。たとえば最初ソウルに行ったときには、まず太平洋戦争犠牲者遺族会に行きました。強制労働の犠牲者遺族会で、彼らも日本に来て訴訟も起こし、支援者をたくさんつくってきました。彼らからは、どんなにひどい目に遭ったかという話もずいぶん聞くことはできました。これは大事なつながりだと思います。しかし、ある種の深い人間関係をつくるには、被害者と加害者が直接に出会うだけでは難しいと感じています。

その後、八〇年代の終わりに韓国の民主化運動をやった人たちと出会うのですが、彼らとはある種の相似形があったのです。私は一九六〇年代の日本の学生運動をたたかったものですが、私と出会った鄭《チョン》炳《ビョン》浩《ホ》さん（漢陽大学教授）は私より一〇歳ほど年下ですが、彼も一九七〇年代に朴正熙《パクチョンヒ》軍事独裁への反対運動をたたかっています。一〇年くらいの差で似たような歴史的経験をしている。歴史的な過去を共有するには、歴史認識の問題が重要ですが、民主主義や平和の問題、あるいは人権の問題をたたかった者同士、あるいはそういうことを求めている者同士の人間関係をつくったことも重要でした。そこで生まれた人間関係は、私たちにとってある種の宝物のようなものです。だから私たちは、深い友情で、お互いに「おい、お前」といいながら、遠慮なしにものがいえる関係をつくることができた。それが私たちがいままで日韓関係を論じたり、つながったりしていくうえで、大きな力になっている。

私たちはこうした人間関係については、自信を持っていますが、私たちの人間関係のいちばん基礎にあるのは、強制労働犠牲者の遺骨問題です。それは「死者の記憶」であり「死者そのものの存在」です。彼等は植民地支配と戦争の狭間のなかで、死を強要された人びとです。一九九七年以降、私たちは朱鞠内で、東アジア共同ワークショップに取り組んできましたが、日韓在日を含めみんな、若くて戦争体験もないことは共通しています。しかも、朱鞠内では、日本人犠牲者も朝鮮人犠牲者も土のなかから両方出てくる。発掘参加者は犠牲の事実に向き合うわけです。そういう体験を共通のものとして私たちは友情を育てていきます。

日韓関係も日朝関係も、過去何度もよくなったり悪くなったりし、危機も経験してきました。しかし、犠牲者と出会う体験は、そういうものにほとんど影響されることはありません。逆に危機的な状況のなかで、では自分たちはどうしたらいいかを考えられるような関係性のなかに私たちはいます。

さまざまな政治的関係があり、国家間の政治は大きい影響力があります。人の生き死にまで決めたりする。だから国家間の関係を無視することはもちろんできないですが、日本政府と韓国政府という関係だけですべてが取り仕切られるということでは全然ないのです。徴用工問題も、これは個人への賠償の問題ですから、国家間で解決できないことが明らかになったということもできます。逆に、国家間で取り決めても個人の被害は克服できないし、私たちがちゃんと向き合わないとこれを越えていけないわけです。日本の企業が自分たちの過去を振り返って、被害者に向き合わなければなりません。

［市民がやる政治がある］

日韓関係でも多様なベクトルが働きます。そのなかで、市民のやる政治というのがあると思います。それは、力がそれほどあるわけではないし、決定的とはいえないかもしれないけれど、国家間では解決できないものがたくさんあるなかで、市民ができることがあるのです。たとえば、遺骨を返すこと一つをとってみても、日本政府は、形式的な、おざなりなことしかしないが、私たちが心を込めて遺骨を届けたときに生まれる和解がそこにある。私たちはその経験を何度もしました。

二〇一五年に一一五体の遺骨を韓国に返還した時もそうでした。それ以前にも、直接遺族に遺骨を渡して、そのお骨が納骨され、お墓に入れられて、追悼の思いを込めてみんなでお経をあげて、それが終わったときに生まれる、何ともいえない人と人のつながりの和解の経験がありました。本当に遺族は喜んでくれるのです。たいしたお金を持っていくわけでもない、派手なことをやるわけでもない、とにかくお骨を届ける。私たちの強みは、そのときに必ず私たちと犠牲者の家族の間をつないでくれる韓国の市民運動のグループがいることです。

それは小さなことかもしれないが、そうすることによってしか実現しないものなのです。一人ひとりにとっても、自分のお父さんのお骨が帰ってきたという経験は大きい。日本の市民・宗教者が心を込めて遺族に届けることの意味も大きいと思います。それが、ある種の市民のやる政治だと思います。政治とはそういうもので、何も政府だけにやらせておくものではないわけです。その積み重ねが、私たちの日韓関係にはあるのです。

しかし、過去を誠実に見直し、そこでお互いの関係性をもういっぺん構築していこうとするには、長く地道な努力が必要です。今日は自由にお互いの国境を越えて出会ったりすることに、抵抗感がなくなった時代です。一九八〇年代とは比べようもありません。私たちは九七年に初めて韓国の学生や研究者たちを招いて、一〇〇人余りでワークショップをやりましたが、韓国から来るだけでも大変でした。緊張関係もあるし、経済的な力も格差がありました。学生の滞在費を全部私たちが持ったりしなければできなかった時代です。しかし、いまでは経済的にも、向こうから助けられます。そういう変化も含めて、われわれはつながり得るし、そういうつながりが権力者の政治的な行為に対して大きな抵抗力となっていることに、ちゃんと自覚的になってもいいのではないか。朱鞠内をそういう一つの証《あかし》の場所にしたいという気持ちがあるのです。

■「展示館」の再建の先に

――「展示館」再建の取り組みについてお聞かせ下さい。

二〇一八年二月の大雪で、「笹の墓標展示館」が倒壊の危険があるとされ、収納していたものを退避させました。建物は一九年一月に完全に倒壊しました。いま再建に向け取り組むメンバーも組織し、呼びかけ人も一八〇人を集めることができました。募金も始まっています。

建物はそのままにして直すとなれば、膨大なお金がかかることがわかりました。それはちょっと難しいということで、基本的には新しい建物を再建する方向です。展示館は一つは死者を弔う場所としてきたわけです。もう一つは歴史展示をしてきました。さらに東アジアの若者たちがそこで集まって合宿して、議論を積み重ねて交流してきた場所ですから、この機能を維持できるようなものをつくりたいと思っています。三年くらいかけるイメージで、三〇〇〇万円規模の募金に取り組んでいます。

雪の重みで倒壊の危険となる直前の展示館（2018年９月）

これは正直、できるかどうか見当がつきません。しかし、一〇〇〇円、二〇〇〇円、五〇〇〇円というお金をみなさんが出してくださる、その向こうに展望できるのではないか。とにかくやれるところまでやってみようと考えています。すでに、募金が始まって三カ月で一〇〇〇万円をみなさんが送ってくれました。

今日の状況のなかで、自分たちの資料館再建の仕事を完遂するということは、本当に困難なことだと思っています。しかし、だからこそ積極的に何かつくろうとする提起を多くの人に呼びかけることに意味があるだろうと思います。全国的にもこういう強制労働の歴史を展示する資料館は、いまほとんどありません。さらに充実した展示をすることも、ぜひ取り組みたいという思いもあるのです。お金は全部集まらなくても、集まった範囲で考えて、必ず建物は再建する決意は変わりません。

もう一つは、あの場所を、「和解と平和の森」にしようというアイディアがあるのです。展示館のあるところには、いま碑やブロンズ像がいくつもできています。猿払犠牲者の碑も建てました。一九年七月に韓国のソウルでワークショップがありましたが、そこでも、朱鞠内に新しい碑をつくることが話題になりました。

この二〇年間、東アジアからいろいろな人たちがやってきています。韓国人だけではなく、中国人も台湾人もきています。このところ台湾の学生がたくさんワークショップに来るようになっています。夏のワークショップも三分の一くらいは台湾人で、台湾の若者のエネルギーはものすごいそうです。新しい動きがどんどんひろがっています。

また、今回の募金でも、すでにドイツからも届きました。ドイツに「ベルリン女の会」という会があり、ベルリンに住む政治的な意識も高い日本人の女性たちがこの問題に共感して募金をしてくれています。韓国やアメリカでも募金が行われる動きがあります。世界各地で、この課題に関心を持ってくださる人たちがいて、建物と碑が並んでいるこの地に見にきてくださるような場所ができるかもしれない。そういう大きな夢ももっているのです。

［募金の送金先＝郵便振替口座０２７５０－３－１０３４２２　笹の墓標再生実行委員会］

（とのひら・よしひこ／『前衛』二〇一九年一一月号）

日本は何度も謝ったのか
――日本軍「慰安婦」問題にみる「過去の克服」の実態

本庄十喜（北海道教育大学准教授）

はじめに

被害者からの「異議申し立て」によって、日韓の間で「慰安婦」問題や「徴用工」問題等の戦後補償問題が浮上する度、日本国内では「一体いつまで謝ればいいのか？」等の言説がさまざまなメディアを席巻します。それらはとりもなおさず日本政府の代弁でもあって、戦後七〇年に発表した安倍晋三「内閣総理大臣談話」（二〇一五年、八月一四日）では「あの戦争には何ら関わりのない、私たちの子や孫、そしてその先の世代の子どもたちに、謝罪を続ける宿命を背負わせてはなりません。」と言明し、巷《ちまた》に溢れる認識と同様の姿勢を顕示しました。しかし、そもそも日本政府はこれまで植民地支配の被害者たちに「謝罪」を行ってきたといえるのでしょうか。

本稿では、おもに日本軍「慰安婦」問題をめぐる日本政府の対応を軸に、それらは果たして「謝罪」たりうるものなのか、検証していきたいと思います。

一、日本軍「慰安婦」制度と日本政府の対応――「お詫び」と「反省」

そもそも、日本軍「慰安婦」制度とはどのようなものだったのでしょうか。まずは制度の概要をおさえておきましょう。[*1]

日本軍「慰安婦」とは、一九三二年の第一次上海事変から一九四五年の日本の敗戦までの期間に、日本の陸軍と海軍がそれぞれ別々に戦地・占領地・「日本帝国」領土（日本・朝鮮・台湾）で主体となってつくり管理・統制する「慰安所」（形態はおもに次の三種類に分かれていました。①軍直営の「慰安所」、②軍が経営を民間に委託した軍専用の「慰安所」、③民間の売春宿を軍が一時軍人用に指定した「慰安所」。しかし、これらはすべて日本軍人・軍属〔軍に所属する非軍人〕専用の軍の施設でした）において、日本の軍人・軍属の性の相手を強要された女性たちの総称です。彼女たちの多くは経済的に貧しい家庭の出身か、植民地支配や戦争のために苦境に陥った女性たちで、出身地は、植民地だった朝鮮半島や台湾の他、中国、フィリピン、インドネシア、オランダ、東ティモール、マレーシア、タイ、グアム、ビルマ、ベトナム等日本軍が駐屯したアジア各地の女性の他、日本人女性も含まれるなど多国にまたがっています。彼女たちは人身売買や誘拐（だましたり、甘言をもちいて連行すること）や略取（暴行や脅迫により連れて行くこと）によって集められ（女衒《ぜげん》とよばれる民間の取引業者が請け負う場合多数）、軍用船や軍用トラック等で各地の「慰安所」に送られていきました。「慰安所」は、中国や東南アジア、太平洋地域を含む日本の占領地や日本軍が派遣されたほぼ全域に展開しました。インド領のアンダマン・ニコバル諸島や、日本の委任統治領だったパラオやトラック島の他、朝鮮半島、千島列島、台湾、南九州、四国、房総半島にも設置されていたことがわかっています。

「慰安婦」制度の下では、計画の立案、設置の指示・命令、女性集めの決定、建物の確保や設営、利用規則・料金や利用部隊の決定、「慰安婦」の登録と性病検査、慰安所の管理・統制、食料・衛生用品の提供等はすべて軍が行っており、彼女たちの移送にも軍が深く関与していました。以上のことから、今日では広く日本軍「慰安婦」制度といわれています。

＊1　日本軍「慰安婦」問題を把握するにあたっては、アクティブ・ミュージアム「女たちの戦争と平和資料館」(wam)『日本軍「慰安婦」問題　すべての疑問に答えます。』(合同出版、二〇一三年)や、研究者たちが作成したウェブサイト(Fight for Justice (http://fightforjustice.info/))を活用されたい。

［「謝罪」と「お詫び」、「反省」のちがい］

日本の歴代内閣はこれまで、侵略戦争と植民地支配についての「反省」や被害者への「お詫び」という言葉を繰り返し述べてきました。それらのおもな例をあげると、①宮澤喜一首相の韓国国会での演説「アジアのなか、世界のなかの日韓関係」中における日本政府の関与を認めた上での「お詫び」と「反省」の表明（一九九二年一月一七日）、②日本軍「慰安婦」制度についての第二次調査報告にともなって発表された「慰安婦関係調査結果発表に関する河野内閣官房長官談話」（一九九三年八月四日、いわゆる「河野談話」）、③戦後五〇年の節目に公表された村山内閣総理大臣談話「戦後五〇周年の終戦記念日にあたって」（一九九五年八月一五日）、④「女性のためのアジア平和国民基金」（「アジア女性基金」）の「償い金」受給者へ送られた橋本龍太郎内閣総理大臣の「元慰安婦の方々への内閣総理大臣のおわびの手紙」（一九九六年、歴代署名：小渕恵三、森喜朗、小泉純一郎）、⑤日韓共同宣言―二一世紀に向けた新たな日韓パートナーシップ（一九九八年一〇月八日）、⑥小泉内閣総理大臣談話（「戦後六〇年談話」、二〇〇五年八月一五日）等です。さて、ここで注目したいのは、なぜ表明されるのはいつも「謝罪」ではなく、「お詫び」や「反省」なのかという点です。

［なぜ「謝罪」ではなく「お詫び」、「反省」なのか］

つまりは、これこそが日本政府の意図的なレトリックなのです。「謝罪」という言葉は本来、「自らの罪を認める」という意味を有していますが、国家が自らの犯した罪＝国際法上の不法行為＝国際義務違反を認めるのであれば、国家には自らの罪を償うべき「法的責任」（＝国家責任、国際責任）が生じます。しかし日本政府は、韓国との間の請求権問題は一九六五年に結ばれた日韓請求権協定により「完全かつ最終的に解決」しているという「法的には解決済み論」を一貫して主張し、日本軍「慰安婦」制度をはじめとする植民地支配下の不法行為に対する「法的責任」は否定し続けています。ですから、「法的責任」を認めると解釈されうる「謝罪」という言葉は戦略的にあえて使用せず、「お詫び」や「反省」といった言葉に終始しているのです。

一方「お詫び」や「反省」は、加害事実の認定や責任の所在を曖昧《あいまい》にしたままの「感情の表明」にすぎず、「道義的責任」を果たすにとどまるものです。すなわち、「アジア女性基金」（九五年～二〇〇七年、後述）は、「法的責任」に代わって「道義的責任」を果たすための取り組みでした。例えば、その設立の経緯について、「与党戦後五〇年問題プロジェクト従軍慰安婦問題等小委員会第一次報告」では「いわゆる従軍慰安婦問題を含め、先の大戦にかかわる賠償、財産・請求権の問題については、日本政府としては、サン・フランシスコ平和条約、二国間の平和条約及びその他の関連する条約等に従って、国際法上も外交上も誠実に対応してきている。しかし、本問題は、戦後五〇年を機会に、今日までの経緯と現実にかんがみ、我が国としては、道義的立場から、その責任を果たさなければならない。そのため、こうした気持ちを国民ひとりひとりにも、ご理解いただき、分かち合っていただくために幅広い国民参加の道を求めていこうということなのである。」（一九九四年一二月七日）としています。なお、「謝罪」も「お詫び」も英訳すればともにapologyであることは、まさに日本政府の巧みなレトリックと解釈できるゆえんです。

以上のように「法的責任」は日韓請求権協定で既に解決済みであるとする日本政府に対し、韓国政府は、不法な植民地支配の下でおきた反人道的行為はそもそも請求権協定の議論の対象外であり、従ってそれらはいまだ未解決の課題であるという立場をとっています。この点に関し、請求権協定の交渉過程に着目し、丹念な情報公開請求の結果入手した外交文書の調査・研究によって近年明らかになってきたことは、請求権協定は基本的に経済協定であり、植民地の法律関係を前提とするものであって、日本政府が消滅させようとした個人請求権は郵便貯金や未払い金問題等に限られており、やりとりの中には日本軍「慰安婦」制度など反人道的行為についての言及は一切なく、それらは交渉内容にそもそも入っていない事柄であったことが明らかになっています。[*2]

以上をかんがみると、議論の対象に含まれていない事柄が、「解決」の対象となってしまうと捉えるのは、極めて不合理だと言わざるを得ません。しかし、日本政府は「法的には解決済み論」を頑なに堅持したまま、「アジア女性基金」や「日韓合意」という極めて不十分な「道義的責任」のみを果たす方策をとってきたわけです。

＊2　太田修『日韓交渉―請求権問題の研究』（クレイン、二〇〇三年）、吉澤文寿『日韓会談１９６５』（高文研、二〇一五年）

二、国際社会における女性の人権意識の高揚と「慰安婦」問題の顕在化

日本軍「慰安婦」の存在それ自体は、従軍経験者を介して、あるいは小説や映画等の娯楽をとおして（例えば、田村泰次郎『春婦伝』一九四七年）、戦中から戦後にかけて日本社会でもある程度は知られていました。しかしながら、この問題の反人道性が日本人にようやく認識されたのは、元「慰安婦」被害者・金学順《キムハクスン》が公の場でカミングアウトした九一年八月以降のことでした。それまで、日本政府は一貫して「慰安婦」制度への軍・国家の関与や関係文書の存在を否定していました。例えば、一九九〇年六月六日の参議院予算委員会において、社会党・本岡昭次参議院議員が政府に対し「慰安婦」の実態調査を求めた際に、清水傳雄労働省職業安定局長は、「民間の業者がそうした方々を軍とともに連れて歩いているとか、そういうふうな状況のようでございまして、こうした実態について私どもとして調査して結果を出すことは、率直に申しましてできかねると思って」いると答弁しています。同様に、一九九一年四月一日予算委員会において再び本岡議員が韓国の女性団体の公開書簡に回答することを要求した時、谷野作太郎外務省アジア局長は「調査したが、手がかりになる資料がなかった」と答弁しました。

以上のような日本政府の態度に憤慨した金学順が訴訟提起を決心し、記者会見の場で日本政府に対する告発者として実名で名乗りを上げることになったのです。彼女の決意の背景には、八〇年代後半からの韓国の民主化とそれにともなう警察官性暴力事件・妓生《キーセン》観光反対運動等女性運動の高揚や、挺身隊問題対策協議会の発足（一九九〇年一一月）等もありました。同時に、九〇年代初頭は「慰安婦」

被害者の多くの出身地であるアジア諸国の民主化・女性の意識の向上とともに、旧ユーゴスラヴィアやルワンダでの紛争下における女性に対する壮絶な性暴力が顕在化し、国連をはじめとする国際社会の場でもそれらが広く問題視される時期でもありました。日本軍「慰安婦」問題も、そのような国際情勢のもとで、単なる過去の出来事などではなく、いまだ解決されていない現在進行形の課題・女性への人権侵害であり紛争下の性暴力の問題として認識されていったのです。

この被害者自らの実名での名乗り出と告発は、当時の日本社会に衝撃を与えましたが、なかでも歴史家・吉見義明中央大学教授は、被害者の生きた証言に突き動かされ、当時日本政府が否定していた「慰安婦」制度と日本軍部の関与を示す公文書を発表します（九二年一月一一日）。もはや否定することはできないと判断した日本政府は態度を豹変させ、「慰安婦」制度への日本軍の関与をはじめて認める加藤紘一官房長官談話の発表（一月一三日）や、宮澤喜一首相の韓国国会での日本政府の関与を認めた上での「お詫び」と「反省」の表明がなされました（一月一七日）。さらに、日韓首脳会談では盧泰愚《ノテウ》大統領が「慰安婦」問題を含む過去の歴史に対して、日本政府の真相究明と、その結果に基づく適切な措置を取ることを求めたのに対し、宮澤首相は事実の調査を約束しました。これを契機に、韓国国内では「慰安婦」被害者とその遺族たちの相次ぐ申告がなされ、日本軍「慰安婦」問題が広く国際社会の場で関心事となるにしたがって、各地の被害女性たちも次々に名乗り出ることになりました。このようにして、日本軍「慰安婦」問題はまさに「国際問題化」していったのです。

「政府報告書と「河野談話」」

日本政府は、韓国との間で約束した調査を一九九二年七月六日に発表（「戦時中の従軍慰安婦に関する調査報告」第一次報告書）しますが、日本軍の関与や強制性への言及がないなど極めて不十分な内容だったために国内外からの批判を受け、改めて調査を行うこととなりました。その結果は第二次報告書として一九九三年八月四日、「慰安婦関係調査結果発表に関する河野内閣官房長官談話」（「河野談話」）とともに発表されました。そこでは、日本軍が「慰安所」の設置、経営、管理及び「慰安婦」の移送に直接・間接に関与したということが示され、強制性を認めたため、韓国外務省もこの点を評価し、「引き続き調査の不十分な部分を明らかにすることを期待する」とコメントしました。

「河野談話」では「本件は、当時の軍の関与の下に、多数の女性の名誉と尊厳を深く傷つけた問題である。政府は、この機会に、改めて、その出身地のいかんを問わず、いわゆる従軍慰安婦として数多の苦痛を経験され、心身にわたり癒しがたい傷を負われたすべての方々に対し心からお詫びと反省の気持ちを申し上げる」としています。責任の主体が曖昧ではあるものの、軍の関与と強制性を認めた公文書であることから、のちに安倍政権が撤回に躍起になったことでも知られているものです。[*3]

＊3　「戦争と女性への暴力」リサーチ・アクションセンター編『「慰安婦」バッシングを越えて：「河野談話」と日本の責任』（大月書店、二〇一三年）

三、日本軍「慰安婦」問題と「アジア女性基金」

一九九四年に村山富市首相を首班とする自民、社会、さきがけの三党連立政権が誕生した際、同年八月三一日、村山首相は戦後五〇年に向けた談話の中で、「慰安婦」問題について、改めて「心からの深い反省とお詫びの気持ち」を表明し、この気持ちを国民に分かち合ってもらうために、「幅広い国民参加の道」を探求することを明らかにしました。この談話を受けて、与党三党は、「戦後五〇年問題プロジェクト」（共同座長・虎島和夫＝自民党、上原康助＝社会党、荒井聡＝新党さきがけ）をスタートさせ、「慰安婦」問題は「従軍慰安婦問題等小委員会」（武部勤委員長）で議論されることになります。デジタル記念館「慰安婦問題とアジア女性基金」には当時の政府の姿勢と「アジア女性基金」誕生の経緯が次のように示されています。[*4]

「与党と政府部内では、これまでの日本政府の方針が検討されました。政府は、先の大戦にかかわる賠償及び財産、並びに、請求権の問題は、サンフランシスコ平和条約、およびその他の関連する2国間条約などにのっとって対応してきたとの方針を採ってきました。そうである以上、新たに国家として個人補償を行うことはできないという立場でした。これに対して、与党の中では個人補償を行うべきだという考えが強く主張されました。意見の対立は、問題の解決に早急にあたるという観点から調整され、1994年（平成6年）12月7日、この問題での『第一次報告』がとりまとめられました。政府は、この『報告』を受けて、『慰安婦』問題に関して道義的責任を認め、政府と国民が協力して、『基金』を設立し、元『慰安婦』の方々に対する全国民的な償いの気持ちをあらわす事業と、女性をめぐる今日的な問題の解決のための事業を推進することを決定しました。」

こうして一九九五年六月一四日、村山首相によって日本政府の具体的行動が次のとおり発表されたのです。

①「慰安婦」制度の犠牲者への国民的な償いのための基金設置への支援（国民の募金からなる日本軍「慰安婦」にされた女性たちへの「国民的償い」の募金事業）

②彼女たちの医療、福祉への政府の拠金（政府の拠出金からなる元「慰安婦」への医療福祉事業）
③政府による「反省」と「お詫び」の表明
④本問題を歴史の教訓とするための歴史資料整備と女性に対する暴力等今日的な問題の解決のための事業支援

最終的に、国民からは合計五億六五〇〇万円に及ぶ募金が寄せられ、フィリピン、韓国、台湾では計二八五人に、一人当たり二〇〇万円の「償い金」として支給されました。また、政府予算からの医療・福祉支援事業および内閣総理大臣の「お詫びの手紙」からなる基金の「償い事業」も実施されました。他方、個人への「償い金」支給を拒否したオランダでは、政府予算からの医療・福祉支援事業と内閣総理大臣からの「お詫びの手紙」からなる「償い事業」が七九名に実施されました。インドネシアでは、日本軍「慰安婦」被害者には限られない高齢者一般に向けられた社会福祉推進事業として、インドネシア政府との合意のもとに実施されました。

このようにして、「アジア女性基金」は「戦後五〇年問題プロジェクト」の一環として誕生し、①～④の事業が実施されたわけですが、この事業は多くの被害者やその支援団体からの批判にさらされ、特に韓国社会では、「償い金」を受け取った被害者と受け取らなかった被害者との間に、はたまた「アジア女性基金」を支持する側と支持しない側との間に亀裂を生む結果をもたらしてしまいました。批判されたおもな理由は、次の三点でした。

①「アジア女性基金」は「法的責任」を果たすものではなく、被害者個人に直接支給される「償い

金」は国民からの募金で賄うものであったこと。
②被害者への事前の相談はなく、被害者の声を無視したものであったこと。
③中国や北朝鮮等が支給対象外であったように、極めて限られた国・地域のみが支給対象であったこと。

「償い金」を支給する際にも、日本政府は「法的責任」は解決済みとの姿勢を堅持したまま、この事業はあくまで「道義的責任」を果たすためのものだと主張したため、とりわけ韓国社会では被害者や挺身隊問題対策協議会をはじめとする支援者たちが大規模な受け取り拒否運動を展開しました。そして、二〇〇七年三月、インドネシアでの事業の終了とともに、「アジア女性基金」は「一定の役割を果たした」としてその幕を降ろしました。

「アジア女性基金」がこのようにして事業を終えた後も、日本軍「慰安婦」問題は「過去の克服」からはほど遠く、女性に対する性暴力の象徴としての理解がますます広がるばかりでした。そうして、毎週水曜日、韓国・ソウルの日本総領事館裏にて開催される「慰安婦」問題解決のための「水曜デモ」（金学順がカミングアウトした九一年八月一四日が水曜日だったことから、翌九二年一月から毎週行われるようになりました）の一〇〇〇回目を記念して、「平和の少女像」（正式名称：「平和の碑」）が領事館裏の歩道の一角に建立されたことを皮切りに、この問題を忘れてはならない歴史の糧としてとらえる認識と営みが国際社会では共有されていきました。そのようななか戦後七〇年目にいたって、米国のオバマ大統領の働きかけもあり、日韓両首脳はまたもや政治決着に動いたのです。

＊4　「アジア女性基金」については、デジタル記念館「慰安婦問題とアジア女性基金」http://www.awf.or.jp/ を参

照されたい。

四、「日韓合意」という詭弁

二〇一五年の年の瀬も押し迫った一二月二八日、日韓両外相が緊急共同記者会見の場で突如発表した日本軍「慰安婦」問題に関する「合意」（「日韓合意」）は、両国の世論に強い衝撃をもって迎えられました。具体的な内容は次のとおりです。

①日本政府は「当時の軍の関与の下に、多数の女性の名誉と尊厳を深く傷つけた」責任を痛感し、安倍晋三首相は「心からおわびと反省の気持ち」を表明する。
②韓国政府が設立する財団に日本政府の予算で一〇億円を拠出し、すべての元「慰安婦」の「名誉と尊厳の回復、心の傷の癒やしのための事業」を行う。
③日韓両政府は①②の措置を前提に、「慰安婦」問題が「最終的かつ不可逆的に解決されることを確認」し、「今後、国連等国際社会において、本問題について互いに非難・批判することは控える」。

「日韓合意」の発表に続き、韓国の尹炳世《ユンビヨンセ》外交部長官（外相）は、民間団体が設置した在韓日本大使館前の「平和の少女像」の撤去や移転等「可能な対応方向について」「適切に解決されるよう努力する」と表明しました。日本ではこの表明を含めて「合意」だと受け止める向きもありますが、「合意」はあくまでも①②③の内容にとどまるものです。安倍首相は「合意」の記者発表を受けて、「最終的、不可逆的な解決を七〇年の節目にすることができた。子や孫、その先の世代に謝罪し続ける宿命を負わせるわけにはいかない」と「七〇年談話」で示された認識を繰り返しました。

過去の「アジア女性基金」、「河野談話」との比較からみる「日韓合意」の問題性

「日韓合意」は、発表直後の日本メディアの評価はきわめて高く、そこで取り上げられる世論も好意的な反応が大勢を占めていました。しかし、韓国内では、とりわけ被害者への聞き取りや事前の相談等は一切されなかった点、つまり被害者の声を無視した政治的妥結として秘密裏に遂行されたという事実が問題視され、被害者と支援者を中心に反対運動が展開し、やがて世論も彼女たちの声に耳を傾けるかたちで批判に傾き、最終的には朴槿恵《パククネ》政権が崩壊するひとつの要因となりました。

「日韓合意」は他にも多くの致命的欠陥をはらんでいますが、それらを列挙すると以下のとおりです。

①文書として作成されていない。

つまり、公式文書がない「口頭約束」にすぎず、外交文書としては極めて効力の低いものです。それはつまり民主主義国家であれば、政権交代後変更されることが容易に想定される類のものです。[*5]

②「慰安婦」の強制性を否定した閣議決定の維持を表明したこと。

安倍首相は「合意」後に、二〇〇七年の閣議決定に変更はない、と答弁をしましたが、当該閣議決定は、「河野談話」発表までに「政府が発見した資料の中には、軍や官憲によるいわゆる強制連行を

直接示すような記述も見当たらなかったところである」という内容のものです。しかし、それ自体が実は破綻した見解であり、「河野談話」の作成過程では、例えばオランダ領東インド（現インドネシア）のスマランで強制的に連行したオランダ人女性を「慰安婦」としたスマラン事件（BC級戦犯裁判〔バタビア臨時軍法会議〕で軍人七名と「慰安所」経営者四名が有罪判決を受けたもの）のケース等が参照されていたことがわかっています。

③性奴隷制度であったこと、奴隷状態に置かれていたことの否定。

安倍首相は「合意」後に参議院予算委員会において「性奴隷という事実はない」と断定（二〇一六年一月一八日）し、岸田文雄外相も性奴隷という言葉は「事実に反するものであり、使用すべきではない」と答弁しました。そうであるのならば、「合意」で述べた「多数の女性の名誉と尊厳を深く傷つけた」や、「慰安婦として数多の苦痛を経験され、心身にわたり癒しがたい傷を負われた」という認定は一体何を認めたことになるのでしょうか。

安倍首相らは、（狭義の―軍隊・官憲が家に押し入り暴行をもちいながら無理矢理ひっぱっていくなど、物理的暴力が伴うもの―）「強制連行」でなければ「性奴隷」でなく、犯罪ではなかったとの認識を示しています。しかし、そもそも「慰安婦」問題の本質は「強制連行」等の連行の形態にあるのではなく、「意に反して強いられた」制度や行為の実態そのものにあるといえ、国際社会はそれらを問題にしているのです。そして、「慰安婦」制度のもとで、被害者たちは「居住の自由」「外出の自由」「廃業の自由」「軍人の性の相手を拒否する自由」を奪われていたのだから、性奴隷状態に置かれていることは明らかであり、だからこそ、日本軍「慰安婦」制度は性奴隷制であるとの認識が広がっているわけです。

④賠償ではないという「日韓合意」。

岸田外相は、共同会見直後の単独の記者会見で、一〇億円は「賠償ではない」と明言しました。すなわち、請求権問題は、一九六五年の日韓請求権協定で解決済みとの立場を堅持した上で、一〇億円は「賠償」ではなくあくまでも支援金（それはつまり、当事者以外の第三者が払うもの）としての性格を有するものであると説明しました。

⑤真相究明措置、再発防止措置は言明されず。

さらに加えて、「日韓合意」では、「アジア女性基金」や「河野談話」が言及した真相究明措置や、再発防止措置についてはまったく触れられず、その意味においても両者の歴史認識からさらに後退した措置であることは明らかでした。

＊5　孫崎享「公式文書すらない日韓合意、韓国の見直しを非難する安倍首相のほうが異常で非常識」（「ビジネスジャーナル」二〇一八年一月一五日　https://biz-journal.jp/2018/01/post_22002.html）

「「日韓合意」の国際的位置づけ」

以上のように多くの問題をはらんだ「日韓合意」に対しては、国連をはじめとする国際社会は極めて厳しい評価をくだしています。すなわち、女性差別撤廃委員会の最終所見（二〇一六年三月七日）では、「『日韓合意』は被害者中心アプローチを十分に採用していない」とし、「被害者／サバイバーの見解を十分に考慮し、彼女たちの真実・正義・被害回復措置に対する権利を保障すること」を勧告しました。また、国連人権専門家たちは、「『日韓合意』は重大な人権侵害に関する国家責任の基準に合致していない。過去の日本政府と軍部の明らかな責任を認める明確で公式な謝罪と適切な賠償が被害者たちを保護し、真実と正義を守ることができる」との共同声明を発表しました（二〇一六年三月一一日）。拷問禁止委員会にいたっては、最終所見（二〇一七年五月一二日）で「合意の見直し」という厳しい勧告を行いました。

日本国内では、「日韓合意」をメディア、世論はおおむね肯定的に評価しましたが、一方韓国内では、「被害者の声を抜きにした妥結」であるとして大きな批判が寄せられ、政権交代を迎えるひとつの要因にもなりました。そして、新たな文在寅《ムンジェイン》政権は「日韓合意」にいたる協議過程を検証し、二〇一八年一月九日「日韓合意に関する新方針」を発表しました。そこでは、①被害当事者たちの意思をきちんと反映していない二〇一五年の「合意」では、「慰安婦」問題を真に解決することはできない、②二〇一五年の「合意」が両国間の公式合意だったという事実は否定できず、したがって韓国政府は日本政府に再交渉は求めない。ただ、日本側が自ら、国際的な普遍基準によって真実をありのまま認め、被害者の名誉と尊厳の回復と心の傷の癒やしに向けた努力を続けてくれることを期待する。被害者の女性が一様に願うのは、自発的で心がこもった謝罪である、とまとめています。

そして文政権は二〇一八年一一月、当初日本政府の拠出した一〇億円で設立された「和解・癒やし財団」を解散させる決定をしました。日本政府は財団の活動を「慰安婦」問題の「最終的かつ不可逆的解決」をうたった「日韓合意」の根幹と位置づけていたため、このことはますます日本政府・世論の反発を強める結果となりました。しかしながら、右の「新方針」にあるように、そもそも、被害者に対して心のこもった、行動に裏打ちされた「真の謝罪」がないまま、「慰安婦」問題の「最終的かつ不可逆的解決」など望むべくもないのです。

おわりに

本稿を閉じるにあたり、今一度、「七〇年談話」の内容に立ち戻って考えてみたいと思います。「七〇年談話」の最大の欠陥は、日本の植民地支配への視座が完全に抜け落ちていることにあります。その上で、冒頭でも引用したように、「あの戦争には何ら関わりのない、私たちの子や孫、そしてその先の世代の子どもたちに、謝罪を続ける宿命を背負わせてはなりません」と断言する厚顔無恥な姿勢には愕然《がくぜん》とします。百歩譲ってそのように断言するのならば、「親」や「祖父母」たちの世代、「七〇年談話」を発表する政府が主体となって「謝罪」する責任を引き受けるべきは当然の道理であるにもかかわらず、そのような気配は微塵《みじん》もありません。「七〇年談話」では「我が国は、先の大戦における行いについて、繰り返し、痛切な反省と心からのお詫びの気持ちを表明してきました。」として、サンフランシスコ平和条約や二国間条約等で賠償請求権は相互放棄したという歴代内閣の見解にのっとり、金銭的賠償の支払い義務（＝「法的責任」）は負わないとする方針を貫徹しているのです。しかし、先に述べたように、昨今の研究によれば、日韓請求権協定の交渉過程では、日本軍「慰安婦」問題等植民地支配下の反人道的行為は議論の対象とされていないことが明らかになっており、交渉内容に含まれていなかった事項が、その条約によって「解決済み」とされることは果たして妥当なのでしょうか。

日本政府の立場に反して、被害国・地域のみならず国際社会では広く、日本はいまだ「謝罪」をしない不誠実な国だと認識されています。それは一体なぜなのでしょうか。そのことを理解するためには、被害者たちが求める「謝罪」とは一体どのようなものなのかについて考えなければなりません。まず「謝罪」を行うには、そのための前提として、対象となる事実の調査と責任の追及を徹底的に行わなければならないし、調査によって判明した事実を正確に周知せねばなりません。つまり、「謝罪」とは史実の調査・責任追及・資料保存と継承等に裏打ちされたものなのです。そのような議論の提起と理解は、一九九〇年代以降おもに国連の場で議論され、今や国際社会の場で広く認知されています。

ひるがえって、これまで歴代内閣が表明してきた「お詫び」と「反省」には、果たして史実の調査と責任の追及、保存、継承がともなってきたでしょうか。村山内閣時の「アジア女性基金」は、日本軍「慰安婦」制度に対して「法的責任」は解決済みとの方針から「道義的責任」を果たすためのものとして組織されましたが、被害女性や支援組織による支持はほぼ得られませんでした。その理由は、一言でいえば史実の調査に裏打ちされた誠実な姿勢とは評価されず信頼関係が築けなかった、つまり「真の謝罪」とはほど遠いと理解されたためなのです。さらに被害者たちの不信感を増幅させたのが、日本の政治家たちの度重なる歴史修正主義的な妄言です。いくら「お詫び」と「反省」を標榜《ひょうぼう》したところで、政治家たちがそのような発言を繰り返せば「真の謝罪」とはみなされないのは至極当然のことでしょう。「日韓合意」はなおさら、安倍首相をはじめ重い責任を負うべき人々が歴史修正主義的な歴史認識を堅持したまま、日本軍「慰安婦」問題をめぐる無知（無恥）を堂々と繰り返すわけですから、もはや「百害あって一利なし」です。

つまり、これまで日本政府は史実の調査に基づく「真の謝罪」を行ったことは皆無であり、そのような姿勢が政治家の妄言や現在の歴史修正主義に無関心でヘイトスピーチを許容してしまう日本社会に端的に表れているとさえいえます。

一度でも被害者の声をきいたことがある人ならば、被害者が求める「真の謝罪」とは一体何であるか、そのことに気付くはずです。被害者たちは、自らの身に起きた出来事を他者が学び、記憶し、同じ過ちを繰り返すことのないよう後の世代に伝えることを切望しています。裏を返せば、被害者たちにとって証言を否定され、軽んじられることはさらなる被害の重複に他なりません。以上のことを踏まえれば、後世はこれからも史実を調査し、記憶を継承し学ぶという意味での「真の謝罪」を引き受ける責任を負い続けるのです。

（ほんじょう・とき／『前衛』二〇二〇年一月号）

3　歴史認識をただすために

朝鮮三・一独立運動一〇〇年――その歴史認識をめぐって

愼　蒼宇（法政大学教授）

■三・一独立運動とはどういうものだったか

――三・一独立運動とはどういうものだったのでしょうか。それは、どのような展開ですすんだのでしょうか。

［三・一独立運動とは］

日本では、代表的な三・一独立運動の研究書というものを近年あまり見かけませんが、四〇年近く前に書かれた朴慶植《パクキヨンシク》さんの『朝鮮三・一独立運動』（平凡社、一九七六年）が、説明する上で網羅的なので、紹介しておきたいと思います。

「朝鮮三・一独立運動は、一九一九年三―五月にかけて、朝鮮半島全土で二〇〇万人以上が独立万歳を唱えて参加し繰り広げられた運動のことである。しかし、もう少し広く捉えれば、ロシア革命やウィルソンの一四カ条をきっかけに高まった『民族自決』への世界的機運を背景にして、一九一八年から一年にわたって中国東北地域、上海、沿海州、ウラジオストック、アメリカなどの海外在住朝鮮人や日本への留学生を中心に、朝鮮半島を超えて相互に連鎖しながら発展した全民族的な独立運動も、三・一独立運動を構成する重要な要素と位置付けることができる」

十数年前に日本語に翻訳された韓国の高校教科書にも同じようなことが書かれています。「3・1運動は全民族が参加した大規模な独立運動で、わが民族の独立運動を一次元高める重要な分岐点となった。また、わが民族に独立の希望と自信を持たせ、国内外に民族の主体性を確認させるきっかけとなったばかりか、世界の弱小民族の独立運動に大きな刺激を与えた」(三橋広夫訳『韓国の高校歴史教科書』明石書店、二〇〇六年)。

「全民族」とありますが、韓国ではよく「挙族的」という言い方をします。狭くみれば、朝鮮半島で起こった三・一独立宣言をめぐる三カ月の運動ですが、より広くとらえると、ロシア革命、ウィルソンの一四カ条から、在外朝鮮人を中心に広がってきた独立請願運動もかかわり合っていますので、その相互連鎖という観点で広くとらえるのが、いまの三・一運動をとらえる一般的な見方です。

三・一独立運動をどうみるのかのポイントは三つあると思っています。一つ目は、朝鮮の民族解放運動の主体的発展という観点です。三・一運動だけをみるのではなく、東学農民戦争以降の朝鮮の日本に対する民族解放運動の歴史のなかにどう位置づけるかが大切です。二つ目が、世界各地の民族解放運動、あるいは国際的な反帝国主義、反植民地主義運動との同時代的相互連関のなかに位置づけ、世界史的な運動としてとらえるということです。三つ目が、日本の植民地支配政策との対抗関係、つまり支配と抵抗という視点です。

［どう展開したのか］

では、三・一独立運動はどう展開したのでしょうか。よく「日本で起こった留学生の二・八独立宣言書から」という言い方がされるのですが、実は、一九一八年の末ぐらいから、とくに中国、アメリカ、ロシア在住の朝鮮人の独立運動家たちが、独立請願運動を活性化させていました。パリで第一次世界大戦後の講和会議が開かれることになり、そこに、使者を派遣して独立請願をするということを、上海の呂運亨《ヨウニヨン》らの新韓青年党が代表的ですが、各団体がやっています。それをきっかけに、三・一独立運動につながっていきます。

もちろん、ロシア革命やウィルソンの民族自決の議論は伝わっていました。各地の運動団体のなかにも独立宣言書をつくっていこうという機運が出てきました。そのなかで最初に動いたのが日本の留学生たちで、東京で「二・八独立宣言」が出されました。この二・八独立宣言やほかの独立請願運動の影響を受け、朝鮮半島でもキリスト教徒、天道教、仏教の三つの宗教の指導者たちを中心に「三・一独立宣言書」を作成して各地に配布していくとりくみが広がります。

当初は、三月一日に独立宣言書を発表し、そのままデモに入る計画が立てられていました。しかし民族代表三三人は独立書を朗読した後、自首してしまいます。その後、パゴダ公園に集まっていた群衆が独立万歳示威運動を展開していったのが、朝鮮半島で三・一運動が広がるきっかけになりました。三月一日には、ほかにも平壌《ピヨンヤン》や義州《ウイジユ》、鎮南浦《チナンポ》、安州《アンジユ》など、いまの朝鮮民主主義人民共和国に位置する、朝鮮半島北部のキリスト教徒が多かった地域でも独立万歳示威運動が取り組まれました。

最初は、キリスト教徒や天道教など宗教の影響の強いところで、独立宣言書の朗読や独立万歳示威が行われました。天道教は、もともとは東学という、一九世紀の中ごろに誕生した民衆宗教が、三代目の教祖孫秉熙《ソンビョンヒ》の時に、天道教と名前を変えたものです。宗教の指導者や宗教学校（キリスト教系の学校）などがあるところが蜂起の中心になりました。

三月上旬には、ソウルのある京畿道《キョンギド》、その北の黄海道《ファンヘド》、さらには、平安南道《ピョンアンナンド》、咸鏡南道《ハンギョンナンド》といった朝鮮半島北部地域に拡大していきます。主導層は天道教、キリスト教、そして学生で、女学生もいました。

三月中旬には、少し運動の様相が変わってきます。独立宣言書が徐々に地方にも送られていき、運動が南部にも拡大していきます。すると運動の主体が徐々に変わります。南部は農村地帯です。当時八割の人口を占めていた農民や、数は多くないですが鉱山労働者たちが蜂起の主体になります。彼らは日本の支配に強い不満をもっていましたし、運動に対する日本の弾圧が苛酷であったため、暴動に発展していきます。三月下旬から四月になると、さらにその傾向が強まり、四月以降には、日本軍の弾圧がより苛酷になり、四月一五日、有名な提岩里《チヨアムリ》の虐殺事件が発生します（くわしくは後述します）。

当時の原敬《たかし》総理大臣と長谷川好道朝鮮総督は、威信をかけて弾圧に走ります。五月初旬にはほぼ鎮圧され、それ以降は秘密結社による地下運動が展開されていく形になり、朝鮮半島では運動が難しくなっていきます。しかし、独立万歳運動は国境を越え、シベリア、沿海州、当時、間島《かんとう》と呼ばれた、現在の中国吉林省東部の朝鮮族が多く住んでいる地域で運動が激化していきます。この地域で万歳集会、独立宣言がなされて、さらには武装闘争が展開されていくようになります。当時日本は、シベリア干渉戦争をおこなっていました。このシベリア干渉戦争は、たんにロシア革命の拡大を防ぐというだけでなく、この地域の朝鮮人運動を弾圧するための介入でもあったのです。

■韓国での受けとめ

――韓国では、この運動について、その後、どのように受けとめられているのでしょうか。

[世界各地で在住朝鮮人による式典開催]

三・一運動一〇〇年を前に、韓国の新聞やニュースでは、三・一運動一〇〇年についての話題が多く、記念イベントの準備も各地で行われました。朝鮮半島だけでなく、世界各地に在住する朝鮮人による式典開催がかなりありました。オーストラリアでは二・八独立宣言発表一〇〇周年のイベント、三・一独立宣言書の朗読大会が企画され、アメリカ東部のメリーランド州の韓国系団体は、三・一の祝賀行事、パレードを企画しました。サハリンのユジノサハリンスクでは三・一運動一〇〇周年のイベントが企画され、カナダのトロントの韓人会、アメリカのカリフォルニア州オレンジ郡の韓人会も三・一記念式と、万歳運動の再現パレードを企画しました。日本でも二・八関連と三・一関連の集会・イベントが多く開かれました。

韓国では、三・一運動をユネスコの世界記憶遺産に登録すべきであるという運動もすすめられています。

［韓国の歴史認識——臨時政府「法統論」と「建国論」］

韓国の政治を簡単に整理すると、前大統領の朴槿恵《パククネ》やその父・朴正熙《パクチョンヒ》（日韓基本条約を結んだときの大統領・軍事独裁政権）の路線は、韓国の財閥に支えられ、アメリカとの軍事的な同盟関係を最重視する政治的立場だと言えます。一方でいまの文在寅《ムンジェイン》政権は、金大中《キムデジュン》、盧武鉉《ノムヒョン》を引き継いで、南北の平和統一の方向を重視し、民族自主と民主主義、人権などの観点を相対的に重視する方向の政権であるといっていいと思います（経済的には新自由主義的な側面もありますが）。その政治的立場と三・一運動に対する歴史認識は深くからんでいます。

韓国には、建国をめぐる歴史認識の論争があります。大韓民国憲法の前文には、「わが大韓民国は三・一運動で打ち立てられた大韓民国臨時政府の法統と不義に抗った四・一九民主理念を継承し」とあります。つまり韓国は三・一独立運動のときに上海に打ち立てられた大韓民国臨時政府の法統の上にあるということです。

文在寅政権は、大韓民国臨時政府の法統と韓国建国の関係を重視した政治的スタンスをとっています。文在寅は二〇一七年に中国の重慶を訪問しています。かつて重慶には臨時政府の主席の金九《キムグ》がいました。日本の空爆で上海が陥落すると、中国の国民党政府は重慶に移転し、臨時政府も重慶に移動しました。文大統領は、その重慶にあった臨時政府庁舎跡で写真を撮っています。上海にあった臨時政府関連の建物は、韓国が力を入れて博物館をつくり（大韓民国臨時政府舊址）、韓国からの観光客がたくさん集まっています。

これに対し、前の朴槿恵政権は、いまの大韓民国は一九四八年にできた韓国政府が出発点だという

「建国説」の立場に立った政権であったといえます。臨時政府で朝鮮の民族運動を主導してきた民族主義左派や社会主義者は韓国の歴史の「敵」であり、「自由民主主義」をベースに日本とアメリカとの政治・経済関係を重視するのが韓国の立場なのだというわけです。

こうした歴史像は韓国版歴史修正主義であるニューライトと呼ばれる立場であり、その中では李承《イスン》晩《マン》・朴正熙が英雄視されます。二〇〇〇年代以降、ニューライト的な歴史観は朴槿恵政権を支えてきた財界や軍人たちに受けいれられてきました。彼らの人脈を歴史的にたどっていくと、植民地期に「親日派」とされた人たちにつらなるケースが多くあります。つまり、植民地支配に協力し、植民地支配のなかで既得権益を得て民衆を弾圧・収奪する側に回っていた人たちが、解放後、アメリカの力を背景に戦後の大韓民国建国を支えていったわけです。実際に、植民地期の警察官や軍人たちは、米軍政下で大半が復帰しています。南朝鮮での米軍政は、「親日派」を多く登用して、南朝鮮で展開された民族統一運動を弾圧したわけです。

「三・一独立運動一〇〇年」といっても、韓国のなかにこのような歴史認識の対立があるのです。

〔共和主義と左右合作・民族統一運動〕

日本でも歴史修正主義者が歴史学の中枢まで握るということはありませんが、韓国の歴史学界でも、ニューライトのような人たちはそう多くはありません。韓国でも民族運動史に関わる主流の歴史認識は「建国論」ではなく「法統論」か、あるいは、一九世紀末以降の民族運動の経験のなかに韓国の民族主義の系譜をとらえるというものです。

三・一運動を評価するときに強調されるのは「共和主義」です。それ以前の朝鮮王朝は王政だったわけですが、大韓民国臨時政府は共和制を宣言しています。当時は、高宗や純宗をはじめとする李王家をもう一度呼び寄せて、王政の復権（立憲君主制から伝統的な王政まで）をめざす人たちももちろんいましたし、民衆のなかにも王政を基盤とした「王道政治」に慣れ親しんでいた人は決して少なくありませんでした。高宗の死が三・一運動の大きなきっかけの一つになっていたこともそれを表しています。他方で、一九一〇年代の朝鮮の民族運動家、民族指導者のなかでは、辛亥革命やロシア革命の影響を受け、王政を打倒し、共和制をめざすというのが主流になっていました。その一里塚になったのが三・一運動なのです。

韓国の民族解放運動史研究者のなかには、この三・一運動をフランス革命と遜色ない反封建革命であると位置づけ、「三・一革命」と呼ぶべきであると言っている人もいます。

ただし、三・一運動を主導したのはおもに宗教指導者だったわけですが、この宗教指導者の勢力には、その後、転向して「親日派」に転落していく人物が多いのです。三・一運動は、そういう意味では、三三人の民族代表であるエリート層の指導する方向性そのものに、妥協的で反民衆的な大きな限界がありました。それゆえに、三・一後の民族運動は農民運動や労働運動、あるいは共産主義運動や武装闘争の方にベースをおいたものとして展開されていきます。エリート知識人たちよりも大衆が運動の主役になっていく時代に入っていく。一九世紀中盤以降から朝鮮では民衆が蜂起の中心ではありましたが、三・一運動はそれが民族解放運動の大きな主軸になる、より一層の契機になったのです。

また二〇年代以降は、運動が左右に分裂しつつ、その分裂を統一して左右合作をめざす葛藤が起こってくる時代でもありました。この時代以降の朝鮮の歴史は、運動が左右に分かれ対立を深めつつ、一方で左右合作を求め、つねに民族の統一に向けた動きがくり返されてきました。三・一運動一〇〇年が、韓国のみならず世界中の朝鮮民族のなかでこれだけ盛り上がったのは、私は、統一に対する長い希求が、三・一運動以降の朝鮮の民族運動の挫折と苦渋に満ちた歴史と結びつくからだと思うのです。

■日本の植民地支配の実態と三・一運動

――三・一運動の大きな背景には、日本の植民地支配の苛酷な実態があったと思います。それについてお話しください。

［江華島事件と日朝修好条約］

これまでお話ししたように、朝鮮民族は三・一運動で突然、日本に対して反発したのではなく、日本の朝鮮に対する膨張と植民地化に対し反発と抵抗を繰り広げてきました。それが民族独立運動の歴史を構成してきました。では、日本の朝鮮侵略過程とはどういうものだったか。

最初に注目すべきなのは明治維新後の動きです。明治新政府は、隣国の朝鮮政府に対して外交を始めるに際し、天皇の外交的権威を高めるために、書契（国書）に「皇」や「勅」という言葉を用いました。朝鮮王朝にとって「皇」や「勅」は、朝貢―冊封関係にある中国の皇帝のみが使うことを許される言葉であって、日本国との関係は同等な関係でした。突然、日本が天皇を朝鮮国王の上に置くような国書を送ったため、朝鮮政府は当然受け取りを拒否します。その拒否に対して日本で征韓論が起こるわけです。

こうして日本の朝鮮侵略は、天皇を中心にした国家建設と一体に進められていきました。その基盤となる国体思想を推進してきた勢力は、その思想の起源になった神話上の物語である「神功皇后の三韓征伐」や豊臣秀吉の朝鮮侵略を「偉業」として称え、これからの日本のあるべき隣国との関係の理想としようとしたのです（吉田松陰が典型です）。天皇が国の中心になったからには、朝鮮は「かつてのように」日本に従うべきであるという強硬な外交姿勢をとったのです。つまり、天皇制の問題は、近代の朝鮮と日本との関係を考えるにあたって、けっして無視することのできない大きな要素でもあるのです。

征韓論を背景に朝鮮に大きな軍事的圧力をかける最初の事件になったのが江華島事件（一八七五年）で、これを契機に日本と朝鮮は不平等条約である日朝修好条規を締結します。当時の朝鮮知識人たちにとって、日朝修好条規は屈辱的な条約でした。儒学者の崔益鉉《チエイクヒヨン》は、斧《おの》を持って王宮に行き、この条約を結ぶなら自分の首をこの斧で切ってほしいとの決死の覚悟で条約締結反対の訴えをしました。崔益鉉は、日本を「禽獣」という言葉で表現しています。つまり「人倫」を持たない国という意味です。日本はもはや友好的な隣国ではなく、西洋と同じ侵略国に映ったはずです。

その後、一八八四年に甲申政変がおきます。金玉均《キムオクキユン》に代表される、「急進開化派」と呼ばれる人たちが、軍事クーデターを起こそうとした事件で、三日天下で終わります。金玉均を支援していたのが福澤諭吉です。日朝修好条規の締結の後に、朝鮮から修信使がやってきて、日本の文明開化の状況を視察しています。そのなかで金玉均たちは、福澤や日本の指導者たちと出会い、朝鮮も開化していくべきだと考えました。金玉均らは日本の力を使ってクーデターを起こそうとし、失敗したのです。それは朝鮮ではほとんど支持を得られなかったからです。

［東学農民戦争、義兵戦争］

近代の日朝関係を考えるうえで次に重要なのが、日本が朝鮮を本格的に支配下に収めようとした日清戦争の時期です。日本は清との間で、朝鮮支配をめぐって争っていたのですが、日清戦争は清とたたかったというだけでなく、朝鮮民衆を軍事的に迫害しました。日本軍が、国王の景福宮を武力攻撃し、朝鮮兵と銃撃戦のうえ、国王を擒《とりこ》にして王宮を占領して、軍事的な圧力で朝鮮の内政に干渉し始めました。そのため、これは日本の朝鮮への侵略であるという認識が朝鮮のなかに広がっていきます。加えて、日朝修好条規以降、朝鮮は開港し、その影響で朝鮮社会は混乱に陥っていました。とくに農民生活は、市場開放によって大きな動揺を受け、反日感情もすでに高まっていました。

当時、東学とよばれる民衆宗教が朝鮮半島南部の農民を中心に支持されていて、彼らのうちの異端派が全琫準《チョンボンジュン》を最高指導者として一八九四年に蜂起します。最初の蜂起は閔氏政権の打倒を目指そうとした運動だったのですが、二つ目の蜂起は、日本が日清戦争のために居座っている状況に対する反侵略の戦争でした。この東学農民軍に対して日本がおこなった虐殺は、三万人から五万人と言われています。これが日本軍による最初の東アジアでのジェノサイドです（日清戦争下では「旅順虐殺」も起こっています）。その後、台湾征服戦争での民衆迫害へと続いていきます。

これが朝鮮に対する本格的侵略のはじまりになりました。この後、いったん日本は軍隊と憲兵を朝鮮に駐屯させつつ、政治的には朝鮮から後退しますが、日露戦争によって事実上朝鮮を植民地化していきます。日露戦争以降、朝鮮ではずっと抗日運動が続いていくようになります。その抗日運動には、一つには知識人を中心にした愛国啓蒙運動があり、これは産業や教育の推進など、どちらかというと合法的な立場でおこなわれた運動でした。もう一つは抗日義兵戦争で、武装蜂起によって日本を朝鮮半島から撤退させようとした民族解放・独立運動です。これらが朝鮮全土で激しく展開されていきました。

日本は、一九〇五年に韓国を保護国化します。当時の皇帝だった高宗は、保護条約締結が力の圧迫によって強制的におこなわれたものだということを、ロシアの皇帝や第二回のハーグ平和会議で訴えようとします。伊藤博文統監はこれに激怒し、傀儡政権の大臣らの圧力で高宗を強制退位させます。さらに韓国軍も抗日蜂起の機運が見られたため解散させました。これに対して、解散させられた韓国軍人や農民、地方の伝統的知識人らを中心に、抗日戦争（義兵戦争）が起こっていくのです。

〔「韓国併合」と植民地支配の実態〕

そして一九一〇年に「韓国併合」にいたります。ここで強調しておきたいことは、当時から、朝鮮側では「韓国併合」は強制的になされたもの、不法なものとみなされていたという点です。韓国でも朝鮮民主主義人民共和国でも、「韓国併合」は「強占」という言い方をします。これは軍事占領・不法・強制的支配という意味です。

併合以前から広がった義兵戦争に、日本は軍隊を大量投入しますが、義兵のなかにたくさんの韓国軍人が入っていますので、日本軍は結構苦戦します。そのため、伊藤統監は内地に要請してさらに軍隊・憲兵を投入し、苛酷な弾圧をしました。さらに植民地下の一九一〇年代には「武断政治」と呼ばれる強権的政治がおこなわれ、それに対する反発が三・一運動を規定していったのです。

三・一運動後に、朝鮮の憲兵隊司令部が民情調査をしています（朝鮮憲兵隊司令部編『朝鮮三・一独立騒擾事件』巌南堂書店、復刻、一九六九年)。そのなかで何が反発につながっているかを調査しています。あくまで官憲の調査ですが、その内容はおおむね四つくらいのポイントに絞れます。

一つは「亡国」そのものへの反発です。階層・階級を超えて、あらゆる層が強制併合に反発をもっていたということです。三・一運動が起こる前に、一九〇七年に退位させられた高宗が亡くなり、「高宗毒殺説」が流布されます。高宗は日本に対して抵抗したイメージが残っていましたから、高宗の死が朝鮮民衆の反日感情や民族意識を高めるきっかけにもなったのです。

二つ目は、日本の植民地政策そのものに対する批判です。当時朝鮮では、朝鮮総督、総督府、所管官庁による専制支配がおこなわれていました。朝鮮総督は天皇にのみ直属していて「小天皇」と呼ばれ、日本の議会の拘束を受けることはありませんでした。また法律的には植民地の朝鮮や台湾は異法域とされ、日本の内地の法が適用されず、議会も存在しないため、完全に朝鮮総督府の独裁政治でした。彼らは朝鮮民衆の民族運動を恐れ、陸軍一個師団半を朝鮮に置き、憲兵警察制度を基盤にした暴力支配をおこないました。このような一九一〇年代の植民地統治は武断政治と呼ばれています。

憲兵警察は、あらゆる民衆の生活領域に介入していきました。彼らは、たんに抗日運動の弾圧だけではなく、税関や戸籍の事務、日本語の普及、道路改修、農事改良にも関わっていたのです。そして警察犯処罰規則の施行によって八七カ条目の日常行為を勾留、笞刑《ちけい》、科料の対象とし、厳しく民衆を取り締まりました。また、犯罪即決例を出し、三カ月以下の懲役または一〇〇円以下の罰金などの軽い罪に関しては、裁判所の手続きを経ずに警察署長または憲兵隊長が即決できるようにします。即決のうちの多くは、笞刑という、当時の内地ではすでにない野蛮な刑罰でした。大韓帝国期にも、笞刑は野蛮な刑罰ということで廃止の方向に向けてすでに進んでいたのです。にもかかわらず、武断政治ではそれを復活させました。「劣等者」は無教育で栄誉心・羞恥の観念がなく、精神的苦痛が鈍いので、迅速に痛苦を実感し得る体刑を科する外ない、という植民地主義的な蔑視観などがそこには作用していました。即決は、一九一一年の一万八一〇〇件余から一九一八年に八万二〇〇〇件余へと急増し、笞刑も約五倍に増大して、笞刑は総刑罰の五割近くを占めるようになりました。

三つ目が、植民地支配の経済的な収奪で、とりわけ土地収奪です。朝鮮総督府は土地所有権と土地価格と土地形貌の三つの調査をする土地調査事業という大規模事業をこの時期におこなったのですが、これは、最終的には、土地の排他的所有者を確定し、地価を定めて地税の徴収制度の基礎をつくる事業でした。地税が二倍に増え、朝鮮総督府の収入を増やす結果となりました。

問題は当時、朝鮮に多く存在した国有地をめぐって発生しました。所有は国有だが、慣習的に利用権を農民たちが持っているような土地（駅屯土と総称される）がたくさんありました。民有か国有か特定しにくく、かつ複雑な権利・利用関係にあるところが多かったのですが、それらをすべて国有地に編入してしまったのです。すると農民が利用権を持っていた土地も総督府が排他的に接収し、それらの土地は東洋拓殖会社という国策会社や在朝日本人に払い下げられます。このことによって、朝鮮のなかにあった中間地主や耕作農民の権利は否定されて、植民地的な地主制が確立されていったのです。農民たちの多くは小作、あるいは農民であることができなくなり都市の下層労働者に転落していきました。あるいは北方の朝鮮人は中国に行き、南方の朝鮮人は日本にやってきて、大阪などを中心に在日朝鮮人が増大していきました。

ほかにも農業、漁業、鉱業、その他の会社起業などで、日本人が権限と利権を独占できるような植民地経済政策をとりました。その目的は、朝鮮を日本の食料や原料の供給地にする従属的な植民地経済をつくり上げることでした。米は日本への輸出目的で増産が図られ、品種も日本向けの品種が強制されていく。日本品種米の強制は、一九一九年の段階で全体の生産の六三・五%にも及んでいます。米穀の対日輸出が一〇倍に増え、逆に農民の米の消費量は減っていきます。この傾向は一九二〇年代になるとさらに加速していきました。

ほかにも要因はありますが、こうした植民地支配全般が朝鮮民衆の反発を招いたのです。

■日本は三・一運動にどういう対応をしたか

——運動の広がりに対して、日本政府の対応はどうだったのでしょうか。

[二個師団の規模での弾圧とジェノサイド]

まず朝鮮三・一独立運動に対する日本政府、総督府、軍の対応です。その特徴は一言でいえば、徹底的な武力弾圧でした。総理大臣は原敬です。彼は「厳重なる処置」をとらなければいけないと言っています。朝鮮総督は陸軍大将長谷川好道で、日露戦争のときの韓国駐箚《ちゅうさつ》軍司令官で「韓国併合」の約一年半前まで、朝鮮民族運動を弾圧し続けました。その長谷川が朝鮮総督になったわけですから、義兵に対して苛酷なジェノサイドをしたのと同じような対応を三・一運動に対してとったのは必然でした。

陸軍大臣は田中義一です。当時、警察だけでは対応できないということで、朝鮮軍司令官宇都宮太郎と陸軍大臣との間で、朝鮮への軍隊のさらなる派遣や、弾圧の状況をめぐるやりとりがおこなわれました。そのときの電報の内容を見ていると、よく使われているのが「断固たる措置」、「高圧的なる臨機の措置」という言葉です。それはほぼ徒手空拳の民衆に兵器を使用するということです。それでも一個師団半だけでは足りないということで、四月になると日本各地に駐屯している師団から、六個の歩兵大隊を派遣しています。その結果、二個師団の規模で三・一独立運動を容赦なく弾圧したのです。

そのなかでたくさんのジェノサイドが起こっています。有名なのが四月一五日の提岩里の虐殺事件です。京畿道の水原《スウオン》というところで起こった事件で、水原では三月の終わりくらいから、かなり大規模の群衆の万歳示威運動が起こっていて、彼らは面事務所、警察駐在所、郵便署、金融組合事務所などに示威運動を展開していました。これらの対象が象徴する植民地支配に対して強い反発を持っていたことが表れています。四月一五日には、日本人警官一人が群衆によって殺される事件が起こります。それをきっかけにして日本軍は報復的行動を起こし、提岩里の住人三十余人を教会堂に集めて、石油をかけて放火し、逃げまどう人に発砲し続けて殺し続けたわけです。それだけではなく、連座としてほかの地域の、かかわっているとみられる村の民家にも放火をしました。一五村落、三一七戸が焼き尽くされるほどの規模でした。官憲の統計でも三九人の死者ですが、実際には、もっと多かったと思われます。

ちなみに、三・一独立運動をとおして殺された数は、朝鮮総督府側の警察局統計として一九一九年六月時点のものがあり、五五〇〇人弱となっています。朝鮮の側のものでは、その後、上海臨時政府のリーダー格であった朴殷植《パクウンシク》が一九二〇年に書いた『韓国独立運動の血史』のなかで七五〇〇人弱が殺されたとしています。近年、韓国の三・一運動データベースは、朝鮮側の死者を九三四名としました。五五〇〇人という数が少ないことは明らかです。

［武断政治への反省から文化政治へと転換したのか］

三・一運動に対する日本側の対応をもう少し長い歴史のなかに位置づけてみることが大切だと思います。日本では、武断政治への反省から、文化政治へと転換したと描かれるのですが、このような歴史認識には問題があります。文化政治というのは、当時、朝鮮総督が陸軍大将であったことに日本のなかにも反発があり、原敬内閣による政党政治の実現と、朝鮮で文官が総督になれるようにしようという流れを指すわけですが、結局は、折衷案として海軍大将の斎藤實《まこと》を総督にしたにすぎません。その後も、斎藤實の二度目の総督就任を除き、ほかの総督はすべて陸軍大将でした。文化政治では、表面上は一部のエリート層に言論の自由を認めるとか、宗教活動のなかの一部に信教の自由を認めるということをやっていくのですが、統治の基本的な方向性は武断政治の延長線上にあるものでした。

たとえば憲兵警察制度をなくしましたが、普通警察の数を三倍に増やし、武装も強化しています。一九二〇年代中盤には治安維持法を敷いて、社会主義・民族主義運動を特高警察が徹底的に弾圧していきます。朝鮮の社会側からみれば、植民地支配と利害関係を持つ一部の「親日派」を除き、建て付けだけが変わって、中身は変わらないのが「文化政治」なのです。

日本の歴史認識のなかで問題なのは、「明治一五〇年」でも評価されている伊藤博文や原敬、後藤新平などへの見方です。日本では軍部が日本の戦前の過ちを主導したと位置づける傾向が強いと思いますが、そこでは伊藤などが、軍部に比べれば穏健であったとの見方が強いのです。いわゆる「武断派」の軍人に対して、「文治派」を相対的に穏健に位置づけることによって、日本の近代史のなかに、文治あるいはデモクラシーにつながるような領域が少しはあったのだと強調したいのでしょう。あるいはそこまではいかなくても、軍部よりはましな帝国主義者だったという認識がけっこうありました。伊藤が安重根《アンジュングン》に暗殺されたことで、「韓国併合」が強行されたのだ、という結論ありきの、史実に堪えない支配者顕彰の主張が大手を振ってまかり通っています。

しかし、抗日義兵を弾圧するに際して韓国統監であった、伊藤博文に統帥権（朝鮮半島での軍隊を動かす権利）があり、韓国駐箚軍は伊藤統監の指揮下にありました。つまり、義兵弾圧の責任者は伊藤統監だったわけです。同じように、斎藤實も運動に対しては徹底的に弾圧的な態度をとり、後藤新平は台湾での植民地征服戦争に強くかかわっています。文官が比較的穏健だったという歴史像は植民地での民族運動弾圧においては基本的には成立しないのです。

松本清張は、『史観宰相論』（文藝春秋、一九八〇年）という、日本の前近代の宰相を論評した本を書いて、そのことにふれています。このなかで伊藤と山縣有朋のことについて、「二人（伊藤博文と山県有朋）はおよそ対極的だが、それはともに絶対主義という屋根の下でである。たとえば伊藤の日清戦争、『朝鮮併合』という侵略外交は、山県の軍事力に支えられている。しかも両人の仲はよくなかった」と言っているのです。文治派と武断派を対立的にのみ描くのは間違っている。対立しもつれあいながらも一緒に朝鮮を植民地化していったのです。

二つ目に大事なのは、弾圧のやり方に反省がみられないということです。東学農民軍に対して、広島大本営の川上操六兵站《へいたん》総監は「ことごとく殺戮すべし」という秘密命令を下しました。日露戦争のときも日本軍は朝鮮の刑法を無視し、日本軍の軍律にもとづいて勝手に朝鮮民衆を処刑している。抗日義兵に対する暴徒討伐でも苛酷な虐殺をしています。村を焼き、捕虜を殺害しました。性暴力もあります。三・一の時も同じことがくり返されました。

日本側は三・一運動の後にこのやり方を反省したでしょうか。同じ時期のシベリア干渉戦争で、朝鮮の民族運動家たちはシベリアにいて革命側に立って反革命側と戦っていたのですが、そこに日本軍が入っていき極東アジアの革命に干渉しました。この経験は、日本軍が北部の朝鮮半島との国境沿いの間島で虐殺事件を起こすことにつながっています（一九二〇年末）。

関東大震災の朝鮮人虐殺も、その延長線上に位置づけられます。人脈上も三・一独立運動の前後に朝鮮人の弾圧にかかわっていた警察、軍関連の要人の多くが、このとき、関東の戒厳司令部にかかわる仕事に戻っていたのです。例えば赤池濃《あつし》は関東大震災時の東京の警視総監ですが、三・一運動後に朝鮮総督府の警務局長をつとめていました。宇佐美勝夫は関東大震災時の東京府知事でしたが、武断政治期に朝鮮総督府の内務局長をやっています。大庭二郎は関東大震災時の軍事参議官ですが、間島虐殺のときに朝鮮軍司令官で、日露戦争のときは朝鮮北部の軍政にたずさわった後備第二師団の参謀長をつとめています。

つまり民族運動の弾圧に携わった軍隊・警察の人脈は関東大震災の朝鮮人虐殺につながっているのです。

最後にメディアです。いまにもつながる問題ですが、メディアが、「朝鮮人暴徒」「不逞鮮人《ふていせんじん》」という報道をくり返し、日本の大衆に朝鮮人憎し、朝鮮人は危険という刷り込みをしていったのです。これまでの研究で、三・一報道と関東大震災時の「不逞鮮人」報道のつながりが明らかになっていますが、私が見たところでは、それ以前の抗日義兵の弾圧のときから、「暴徒は殲滅《せんめつ》すべし」ということを、日本の大新聞、地方新聞が社説を書いたりして激しく差別扇動をしていました。

このメディアの差別扇動責任という観点からみれば、当時の大正デモクラシーといわれる時期の日本の言論界には大きな限界があったといわざるをえないでしょう。朝鮮の三・一運動に理解を示した知識人はほんの一握りしかいないですし、その彼らも朝鮮の完全な独立にまで理解があったとはいえないでしょう。

■三・一の歴史から学ぶべきこと

――日韓関係はいまさまざまな議論がありますが、この一〇〇周年にあたり、歴史をふり返って、いま私たちは何を学ぶことが大事だと思われますか。

〔戦争の危機の一五〇年〕

私は、一〇〇年という単位は、あくまでも三・一運動一〇〇年であり、三・一をめぐる問題から何を学ぶかを考えたとき、一〇〇年ではなくて少なくとも一五〇年という単位が必要だと考えています。日本では二〇一八年に「明治一五〇年」キャンペーンがくり広げられましたが、「明治一五〇年」は、朝鮮からみれば日本に侵略をされてきた歴史、南北の分断に日本が関与し続ける歴史ということになります。日本のなかでは、その朝鮮半島をめぐる一五〇年をどうとらえるかという歴史認識が根本的に欠けているのではないでしょうか。朝鮮半島はこの一五〇年、つねに戦争、植民地支配、南北分断と、戦争の危機がなくならず、平和から遠い状況におかれてきました。私はこのような状況を朝鮮をめぐる「一五〇年戦争」と呼んでいます。

「一五〇年戦争」が解決されない要因は三つあります。

一つは朝鮮半島がつねに大国の朝鮮をめぐる支配の角逐の場であり続けているということです。明治維新までの朝鮮の外交は、基本的には、中国との伝統的な朝貢―冊封関係によって成立してきました。アヘン戦争以降、とくにフランス、イギリス、アメリカ、ロシアが東アジアに利権の拡大を求めて勢力を伸ばし始め、ヨーロッパでの対立図式が東アジアに持ち込まれてきました。

一九世紀の朝鮮は、「東アジアのバルカン」と呼ばれていました。朝鮮半島をめぐって何か火がついたら列強同士の戦争になるからです。日本の植民地支配が終わった後、再び、三八度線によって朝鮮は国際紛争の角逐の場となったわけです。朝鮮戦争は朝鮮民主主義人民共和国、中国の人民軍と、韓国軍・「国連軍」という名の事実上の米軍との戦争で、現在まで三八度線で休戦状態のまま、いつ戦争になってもおかしくない状態にあります。朝鮮半島は戦時から解放されず、平和が構築されない状態が続いているのです。

二つ目は、一五〇〇年の間、朝鮮では深刻な「内戦」が形成されるようになり、それが南北分断を規定しているということです。韓国のなかにも民主化運動がつねに起こっているように、その「内戦」はたんなる資本主義側と社会主義側の対立ではありません。一面では、民族統一、平和を求める民族解放運動と、それを封じ込めるために大国に依拠して抑圧しようとする層の対立だと思います。この層とは朝鮮では「親日派」と呼ばれてきた人たちで、その人たちは戦後韓国で起こった民族解放運動、統一国家樹立運動のなかで糾弾される側にいた人でもあるわけです。彼らは米軍政に近寄って軍政側に寄生して生き延びていった。「親日派」を基盤としたのが李承晩政権です。そして、一九六〇年代～八〇年代と続いた軍事独裁政権下では植民地時代の日本陸軍士官学校出身である朴正熙を支えました。

つまり、朝鮮での「内戦」とは、植民地時代の「親日派」の系譜と民族解放運動のたたかいであって、その問題はいまも解決されていないということになります。文在寅が民族統一をすすめ、朝鮮民主主義人民共和国に近づいていこうとすればするほど、いま野党になっている保守派と財界の多くは、それを止め、なんとか分断のままにしようとする政治的力学の方向に動き、アメリカや日本との関係を強化しようとするでしょう。

三つ目は日本の植民地支配です。日清戦争から一九四五年まで軍事占領、軍事支配をし、朝鮮を「戦時・準戦時」状態においていた、その張本人は日本です。

日本は戦後、日米の安保体制を構築するとともに、朝鮮戦争に至る過程で、在日朝鮮人運動を弾圧し、最も優等生的な冷戦の最先兵としての役割を果たしていくようになります。戦後も、朝鮮の統一を妨げる方向でしか日本外交あるいは日本における朝鮮人政策を構築してこなかったといえるでしょう。つまり朝鮮半島の「戦時」状態の継続に加担をし続けているということです。朝鮮戦争に、これまで知られていた掃海艇の活動に加え、仁川上陸作戦に日本人船員が参加していたことも明らかになっています。

そうしたこの一五〇年をきちんと見つめ直さない限り、これから先も日韓・日朝の問題にどう向き合うかが見えてこないと思います。

［民族運動家たちは何を告発したのか］

歴史にどう向き合うかで大事なのは、一つは三・一運動から何を学ぶかです。一〇〇年前の民族運動家たちが何を告発したのかという問いを受けとめることが大事だと思います。

まず二・八独立宣言です。二・八独立宣言が訴えていることの一つは日本の支配の不法性を訴え続けたということです。いまでも日本政府は「韓国併合は合法だった」という立場を崩していませんが、朝鮮人は保護国の時代からずっと日本の支配は不法であり、自分たちの意思ではない、詐欺、暴力から出たものだと主張し続けていました。

二・八独立宣言で注目すべきなのは、列強の侵略主義、強権主義も批判していることです。アメリカ、イギリスが、保護国化と併合を率先して承認したことに対し、その旧悪を贖《あがな》う義務があると言っています。日本に対してのみならず、帝国主義列強の侵略主義をも批判をしていることが重要なポイントです。そしてロシア革命と、ウィルソンの民族自決に着目した。

三・一独立宣言書も、日本の支配の不法性を訴えているという点は同じです。侵略主義、強権主義も否定的にとらえ、「威力の時代」は過ぎ、第一次世界大戦後の秩序としてようやく「道義の時代」がやって来たと。このように訴えたことが、いまの平和と独立の問題を考える意味でも重要なポイントだと思います。

上海臨時政府も、パリ平和会議に送った独立承認請願書のなかで韓国併合条約の永久的廃止を要求しています。その理由はこの条約が詐欺と暴力によって締結されたからです。日本は、日朝修好条規のときから一貫して「朝鮮の独立を保全する」という項目をうたってきたにもかかわらず、朝鮮の主権を奪いました。そのことを詐欺と言っているわけです。また、当時、併合条約を結んだ純宗は傀儡《かいらい》であり、併合条約を締結する権限はないと言っています。上海臨時政府が、王政ではなくて共和制を志向したことと、こう主張したことには当然関係があります。

ほかにも世界でいろいろなところで独立宣言書が出されていったのですが、このなかでもとくに私が注目をしているのは、朴殷植の『韓国独立運動の血史』で、日本に対して、「朝鮮の支配に関しては、専ら武力で強圧しながら、『朝鮮人は日本の統治によろこんで服従している』と世界の耳目をあざむき、朝鮮民族の財産や資源を吸い上げ、日本人の生活の資に提供した。しかも虚飾の統計数字をならべたて、朝鮮民族産業の発達なるものを誇張して宣伝した。およそ朝鮮社会で指導者として尊敬されすぐれた人物とみなされているものは、確実に迫害され芟除《さんじょ》された。いっぽう、ゴロツキとして排斥され、悪人として指弾されている者は、きまって日本の支持と推薦を受け、官吏に任用された。人格高潔で名望の高い者は、確実に不逞鮮人として注目を受け、そのあげく強盗殺人などの破廉恥罪の名目をかぶせられて処刑された。朝鮮民族と日本民族は、社会道徳や正義の基準に関しても、まったく正反対の、奇現象を呈したのである」と書いていることです。私はこの訴えはいまでも、日本政府、あるいはメディア、論壇が、朝鮮人あるいは朝鮮半島と付き合うときの「親日」的な人のみを厚遇するやり方を見たとき、かなり当てはまるものだと思います。

［問われる日本の歴史認識］

もちろんそれなりに日本の加害の歴史と加害責任の問題を受けとめてきた人たちもいますし、そういう機運ができかけた時代も少しですがあったと思います。しかし、現在はそのような人々は極めて少数になってしまったと思います。

いまの状況は、一言でいうと官民一体の朝鮮排撃という状況であり、三・一運動のころとあまり変わらないのではないかという印象です。現在の朝鮮人差別、あるいは韓国に対する排外主義をひもといていくと、一つは人種主義、もう一つは歴史修正主義です。日本のヘイトは、「慰安婦」問題や強制連行のことなど、ほとんどが歴史修正主義がらみです。人種主義を問題にして「ヘイトスピーチ対策法」よりも厳格な人種差別禁止法を制定するのが最も大事な対策ですが、その土壌が長く染みついた歴史意識の方にあるため、いくら法で裁いても再生される可能性は高いでしょう。

いまの日本における官民一体の朝鮮排撃のありようを見ていると三つの特徴があると思います。一つは、政官財に共通する「植民地支配責任」なき「解決済み」体制への固執です。つまり日韓基本条約などによって「解決済み」であるという認識です。韓国に対して「準賠償」という形の経済協力方式を取ったことで日本の財界も潤ったわけですが、そのときに植民地支配の責任に関する言葉は一つもありませんでした。加害責任の認定や正式な謝罪に基づく「国家賠償」よりも、経済協力による投資がビジネスになる方向を政官財がつくり、その体制を当時の朴正熙政権時のみならず、これからも維持しようとしているということです。

この間、国際法も国際世論も、人道に対する被害者の問題は、被害者個人からのアプローチを取るべきとなってきました。個人からの請求権は否定されていないのであって、それは日韓関係においても同じです。「慰安婦」問題をめぐっても、国連の諸人権機関は日本のアプローチは不十分であるとはっきりと言っています。その不十分さは「解決済み」とされる日韓基本条約などの「六五年体制」のことを指しています。

六五年当時の韓国の朴正熙たちは「親日派」とされる人物です。日本の政官財は、韓国の「親日派」とのみ「解決済み」の体制を構築し、それに反発する朝鮮人全体を「反日朝鮮人」として敵視する姿勢を当時も今も取り続けています。日本の支配層にとっての「反日」は朝鮮民主主義人民共和国だけではなくて、韓国のなかにもたくさんいるというわけです。「親日派」以外の朝鮮人は受け付けないというのが「解決済み」とする日本の強固な体制です。

二つ目はメディアと論壇の深刻さです。韓国批判一色で、新聞も「朝日」や「毎日」も見るに堪えない。テレビも朝のワイドショー番組はとてもじゃないけれど見ていられないくらい批判一色です。韓国批判のロジックは国防・領土問題、もう一つは戦後補償問題です。徴用工問題とレーダー照射問題はセットになっていました。国防をベースに「韓国と断交しろ」「謝罪させろ」などと主張するのは、征韓論のときや、甲申政変の福澤諭吉の「脱亜論」が出てきたときとそっくりだと思います。

日本のリベラル知識人の朝鮮に対する姿勢も大きな問題です。かつて「慰安婦」問題で、国民基金（「女性のためのアジア平和国民基金」）をすすめたのも日本のリベラル知識人でした。私は、そこに、「解決済み」の「六五年体制」を崩すことはできないから、こういう方向でしか解決できないと考える知識人の限界を見てしまいます。

そして、その根底には、「韓国併合」合法論がある。「六五年体制」の前提になっている歴史認識が「韓国併合」を当時としては合法だとする立場です。不法という立場に立つことが責任者処罰を求める被害者の立場に立つ唯一のアプローチであって、合法という立場に立っていると植民地支配は当時としては問題なかったという一面的な歴史認識につながりますし、そこから植民地主義の克服などできるはずがありません。植民地支配の暴力とは何だったのかということが、日本の研究者とか知識人のなかですらちゃんと理解されていないのではないかという気がしています。

三つ目は、社会全体の問題です。近年、ここ何十年間は出てこなかったようなあからさまな差別的な暴言を、社会の表面ではっきりと耳にするようになっています。

日本のなかで、この間朝鮮に対する加害責任を追及してきた研究者や民間の人たちは決して多くはありませんがいます。しかし、そういう人たちが表に出てこない、あるいは不可視化されている状況にあります。「解決済み」体制を克服して新しい向き合い方を構築しようとする数少ない人の声も顔も、日本の空間のなかでは出せない状態になっているのではないかと深刻に危惧しています。

それとはまったく真逆の官民一体の朝鮮排撃がリミッターを切って、どんなことをいってもいいという形で出てきています。私には三・一運動のときの、「不逞鮮人やっつけろ」とリンクして合わせ鏡のように見えてくるのです。

日本ナショナリズムは常に朝鮮が「鏡」

かつて、旗田巍《たかし》や山辺健太郎、梶村秀樹が、日本の近代史をどう描くかは朝鮮を鏡にするとよくわかるといいましたが、日本が排外主義になるのは常に朝鮮を鏡にしてだったと思います。実際に日本での官民一体の強硬論は何度も繰り返されてきました。一八八二年に壬午《じんご》軍乱があり、このときに日本人軍事教官が殺されると、自由民権、つまり当時のリベラルの人たちが義勇兵を送れと主張しました。彼らは日本でいうと最初のナショナリスト、国民運動をやっていた民権派の人たちです。そういう人たちが同時に外には排外を叫び、その対象は朝鮮だった。

いまも日本の国防、秩序、安全、国益を維持しろという発想に立つと、つねに最大の敵は朝鮮、韓国になっています。韓国、朝鮮に譲歩するな、という政治的姿勢は歴史認識ではゴールポストを一つも動かさない、日韓基本条約および日韓請求権協定の体制は一歩たりとも譲らないということになります。そして、日本の対韓、対朝姿勢を批判する人たちに対しては全部「反日」というラベルを貼り、まったく対話をしようとしない状況にあるのではないでしょうか。問題がこじれるのは韓国のせいではありません。官民の多くが主体的にそのような一歩も動かない選択に固執し続けているからであって、その主体性をこそ日本社会はもっと問題にしなければならないと思います。

私が危惧しているのは、そういう状況のなかで、いまこの瞬間も朝鮮人に対しての迫害が起こっていることです。かつて関東大震災はまさにそういうものだったわけです。関東大震災の朝鮮人虐殺の被害者のなかに私の祖父の兄がいます。愼昌範《シンチャンボム》といい、朝鮮大学校編・刊『関東大震災に於ける朝鮮人虐殺の真相と実態』（一九六三年）のなかにその証言が収録されています。昌範は荒川京成鉄橋の中ほどで、朝鮮人が武装した自警団に殺されていくなかで、なんとか逃げようと弟・義兄とともに鉄橋から川の中に飛び込んだ。伝馬船に乗った自警団が恐ろしい形相で日本刀・竹槍・鳶口《とびぐち》を振りかざし、日本刀・竹槍で襲われて無数の傷を受けて気絶しました。気がついたら、寺島警察署の死体収容所に放置されていて、逃げた弟が発見して命をとりとめたそうです。日本刀で切られたため指はなく、足には市場で魚をひっかけたみたいな跡が残っていました。昌範は、体をこのようにした加害者を許すことができないと言っていたのです。

関東大震災の朝鮮人虐殺は、災害時に発生した「例外」の出来事では決してありません。突然、民衆が偶発的にやったわけではなく、日本の朝鮮人虐殺や迫害はすでに述べたように、それまでも東学農民戦争や義兵戦争などを通じて朝鮮半島でくり広げられてきました。関東大震災での朝鮮人虐殺の主体は軍隊・警察・自警団（在郷軍人会も）であって、彼らが民族運動への弾圧を通じてやってきたことの延長線上に位置づければ決してこれは「例外」ではありません。しかし、いま日本のなかで関東大震災はどんなに歴史をよく知っている人でも、民衆がパニックになってやった例外的なことなのだとしか見ていない人が多いのではないでしょうか。

私は、日本が、こうした一五〇年の歴史に向き合わないと、これから先も日本と朝鮮の間の問題は解決できないと思います。そのことを示しているものの一つが三・一運動への向き合い方であると考えています。植民地支配責任は、「慰安婦」問題や強制連行の問題だけではない。東学農民軍の虐殺や抗日義兵弾圧、三・一運動弾圧時の諸迫害の責任や真相究明の問題があるし、関東大震災だっていまだにこれらの課題は日本政府によって果たされていません。日本政府やマスコミのいう「徴用工問題」(これは「徴用工」の問題ではなく、朝鮮人の強制連行・強制労働の問題です)でこんなに騒いでいるくらいですから、これほどの問題に本当に向き合える日は来るのでしょうか。はなはだ悲観的に思わざるを得ないのが三・一から一〇〇年を迎えた現在ではないだろうかと思います。

しかし、先にのべた朝鮮半島をめぐる一五〇年戦争のうちの三つのうちの二つ目が少しずつ動き始めています。朝鮮民族同士はいまだ対立含みでありますが「内戦」を克服し、平和、統一の方向に向かって、歩み始めています。トランプ米大統領はあまり信用できませんが、大韓民国や朝鮮民主主義人民共和国も、そういう意味でアメリカだけではなくて、ロシア(ソ連)や中国との関係においても本当に苦闘してきたわけです。国際関係はそう簡単ではありませんが、ともに解決していこうという機運だけはこれらの国の間にはあるようにも見えます。私はそのなかで日本だけがその努力を主体的に果たそうとしていないように見えます。他人事として、自分たちから朝鮮の南北分断の克服・平和の構築に積極的に入らないような戦後を歩んできたのではないかと感じます。その象徴が軍事独裁者であった朴正熙政権との日韓基本条約型の解決方法です。そうしたやり方やそれを支える歴史認識を、どうやったら変えることができるのかがいま問われているのではないでしょうか。

(しん・ちゃんう/『前衛』二〇一九年四月号)

教科書の中の「韓国併合」

――植民地教育とは何かを問うために

佐藤広美（東京家政学院大学教授）

私は、二〇一九年に行われた文科省による小学校の教科書検定のうち（二〇二〇年度使用）、六年生が学ぶ社会科の『歴史教科書』、全三社に目を通してみた。『東京書籍』『教育出版』『日本文教出版』であり、特に近代史の記述に注目してみた。いろいろ教えられもし、ところどころ疑問に思うところもあった。そこで特に、「韓国併合」の記述に注目して、三つの教科書の比較を試みてみた。そのために、現行の教科書（二〇一四年検定済）との違いなどにも留意し、各社どんなところで記述を変更したのか、それはなぜだったのか、も考えてみようとした。正確を期すために、該当部分はそのまま引用した場合がある。読者には、やや煩わしい感じがするかも知れないが、私の注釈部分の記述に注意を払っていただきながら、読み進めていただければありがたい。

それにしても、教科書における「韓国併合」の記述だけでもそれを読めば、いろいろ思うことが多く、私たちがどのような歴史認識（植民地認識）を形成すべきなのか考えさせられる。三社の教科書の違いや現行の教科書との違いなどをていねいに調べていくと、なぜそのような記述になったのか、など歴史認識上の検討課題があらわれてくる。その点を、ここでは記してみたい。

前もってひと言述べておけば、三社の教科書は、いずれも「韓国併合」後、朝鮮の学校では日本語が教えられた（＝強制された）ことを写真入りで説明している。私は、大学で教職課程を担当し、教師を希望する学生に教育の原理や歴史を教えている。いま、教職課程のために用意されている種々の教科書（「教育原理」「日本教育史」など）があり、それに時々目を通すのだが、日本が行った植民地教育についてどれほど的確な記述がなされているのか、心配な気持ちがないでもない。日本の近代教育の本質を理解するためには、植民地支配の事実からの視点による教育史叙述は欠かせない。教科書の中の「韓国併合」は、このように未来の教師を育てる教育学の講義の核心を問う問題（教材）につながるということでもあった。

まずは、三社の記述の比較からはじめよう。

一、二〇一九年度検定小学校社会科教科書の中の「韓国併合」

（1）日露戦争はアジアの人々を勇気づけたか？

東京書籍はどうか。日露戦争の影響を見てみよう。

「中国やロシアに対する日本の勝利は、欧米諸国に日本の力を認めさせ、欧米の支配に苦しむアジアの国々を勇気づけました。一方で、朝鮮や中国の人びとを下に見る態度が日本人の間に広がっていくきっかけにもなりました。」

気になるのは、「アジアの国々を勇気づけました」という記述である。この記述は、教育出版も日本文教出版も、ほぼ同じであった。

教育出版。「欧米諸国の支配のもとにおかれたアジアは、日本がヨーロッパの大国・ロシアに勝利したことに勇気づけられた人々もいました。」

日本文教出版。「アジアの国の日本がヨーロッパの国であるロシアに勝利したことは、欧米諸国の進出と支配に苦しむアジア諸国の人々に、独立への自覚と希望をあたえました。」

これをどう考えればよいのか。これらの記述をみて、すぐに思い起こすのが、二〇一五年八月に行われた安倍晋三内閣総理大臣の「戦後七〇年談話」である。安倍首相は、「(日本は)アジアで最初に立憲政治を打ち立て、独立を守り抜きました。日露戦争は、植民地支配のもとにあった、多くのアジアやアフリカの人々を勇気づけました」と、戦後七〇年談話で、わざわざ日露戦争を持ち出して日本の力を誇示してみせる歴史観を披瀝《ひれき》して人々を驚かせた。この内閣総理大臣談話は教科書執筆者の考えを縛る政治力を持ってしまったということなのか。

重要なことは、日本が欧米諸国の植民地支配を批判し、それを解放してアジアやアフリカの人々を勇気づける意図を持っていたのか、ということである。歴史学者は、これにこう答えている。

事実は、日露戦争を経ることで、日本と列強との間に韓国をめぐる合意が形成された、ということである。日本の韓国支配を欧米列強が基本的に認めるかわりに、日本も欧米列強のアジア支配を認めるという取引が行われた。日本の韓国支配を認めてくれれば、日本は、イギリスのインド・マレイ・シンガポール支配を、アメリカのフィリピン支配を、フランスのベトナム・ラオス・カンボジア支配を、容認するという取引である。

日露戦争によってアジアの人々を勇気づけたという議論がある。結果として事実はその通りで、中国の孫文、インドのネルーらは若いころに日露戦争を見聞きし、勇気を得たことは確かであるが、日本がアジアの諸民族を勇気づけることを目ざしていたわけではなく、むしろ日本は、欧米列強のアジアに対する植民地支配をほぼ全面的に容認する立場だった、というわけだ（山田朗『日本の戦争　歴史認識と戦争責任』新日本出版社、二〇一七年など参照）。

日露戦争当時、日本は欧米列強のアジア植民地支配を容認し、自分もその仲間入りを目ざしたのである。アジアの人々を勇気づけることを目ざしたわけではなかった、という。

だから、日露戦争は、欧米列強とアジア勢力の代表としての日本との戦いであったという考えは、後になってつくられたものであった。アジア太平洋戦争を開始するために、日本は、ぜひともそのような考え方が必要になってきた。欧米列強のアジア支配に対して日本は一貫してたたかってきたという物語がアジア太平洋戦争前につくられた、というのが歴史の真実である。

たとえば、それは、国定教科書『国史』における日露戦争の記述に端的に示されていた。煩瑣《はんさ》を厭わずに、「韓国併合」（一九一〇年）後に書かれた、日露戦争に関する当該部分の記述を紹介していこう（引用はすべて『日本教科書大系近代編　第19巻　第20巻歴史第2、3』講談社、一九六二年、一九六三年）。

一九一一年、第二期改訂版、『尋常小学日本歴史　巻二』。「かくの如くして、我が国は漸次に国威を海外に宣揚し、遂に世界の列強と肩を比する地位に達せり。」

一九二一年、第三期、『尋常小学国史　下巻』。「此の役、我が国が世界の列強と戦ひて、連戦連勝、大いに国威を海外にかゞやかしたるは、もとより天皇の御稜威《みいつ》によれりといへども、また教育あまねく国民に行きわたりて、奉公の念ますく〳〵強く、挙国一致して、君国に尽したるが為なり。」

一九三五年、第四期、『尋常小学国史　下巻』。「わが国は、世界の一大強国に連戦連勝し、大いに国威を世界にかゞやかすことが出来た。」

この三つの『国史』は、いずれも国威を世界に宣揚した（かがやかした）と述べているが、アジアの人々を勇気づけた、とは書いていない。

では、太平洋戦争勃発の一九四一年、第五期、『小学国史　下巻』はどうか。「この戦において、わが国は挙国一致、世界の一大強国を相手に連戦連勝し、大いに国威を世界にかゞやかした。」「かくてわが国は、一躍世界に一大強国たることを諸外国に認めさせるに至つたが、同時に、これまで欧米諸国に圧迫されてゐた、東亜諸国の自覚をうながすことも多かつたのである。」

傍線部分に端的であろう。太平洋戦争を遂行するために、アジアの人々を勇気づけるという物語が現れたのである。

一九四三年、第六期、最後の『初等科国史　下巻』はどうか。「この戦勝によつて、わが国は、世界における地位を、諸外国にはっきりと認めさせたとともに、東亜のまもりに重きを加へ、これまで欧米諸国に圧迫されて来た東亜諸民族の自覚をうながし、これを元気づけたのであります。」

大東亜戦争（太平洋戦争）は欧米列強のアジア植民地支配からの解放のための戦いであったという目的に準じて、日本はいっかんして欧米列強のアジア支配とたたかってきたという物語がぜひとも欲しかったのである。日露戦争はアジアの人々を勇気づけたという物語を。

してみると、安倍内閣総理大臣談話は大東亜戦争遂行者が編み出した考え方を引き継いでしまっている、ということになる。三つの教科書の記述も、その点が鋭く批判的に問われることになるだろう。

この記述は、三社の現行版でも同じであり、もっと議論が起こってよい問題だろう。

（2）「韓国併合」と「日本語の教育（強制）」

三つの教科書は、どれも日露戦争から「韓国併合」へ連続して記述している。本文はだいたい一〇行程度であり、「日本語で教育される朝鮮の子ども」の写真や図表が載っている。

東京書籍はこのような記述である。「日露戦争に勝利した日本は、一九一〇年に人々の抵抗を軍隊でおさえ、朝鮮（韓国）を併合しました（韓国併合）。」「植民地にされた朝鮮の学校では、日本語の教育が始められた一方、朝鮮の歴史は教えられず、人々のほこりが深く傷つけられました。また、土地の制度が変えられて、土地を失った人々が、日本人地主の小作人になったり、仕事を求めて日本などへ移住したりしました。こうした状況に対し、朝鮮の人々はねばり強く独立運動を続けました。」

図表「日本語と朝鮮語の授業時間の比較」が分かりやすく、一九一一年で日本語週一〇時間・朝鮮語五時間、一九三八年で日本語一二時間・朝鮮語二時間、一九四一年で朝鮮語の時間数の配当がなくなる、と記述されている。一目で、日本語の強制の推移が理解される。

気になるのは、現在使用されている二〇一四年検定済教科書がどう書き換えられたかである。太字の小見出し「朝鮮の植民地化と世界へ進出する日本」が「世界に進出する日本」に変更されている。「朝鮮の植民地化」が消されてしまっている。その影響か、現行版の傍線部「朝鮮の人々のほこりが深く傷つけられました。」「多くの朝鮮の人々が土地を失い、日本人の新しい地主の小作人になったり」が削除されている。なぜ、このような修正が起きたのか、疑問が残る。また、現行版の「囲み」にある文章「独立運動」の「植民地となった国は、政治的、経済的に不利なあつかいを受けたり、自国の伝統や文化を禁じられたりすることがあり、人々は、独立を求めて立ち上がりました」が消された点も気になる。

教育出版もまた一〇行程度の説明記述であったが、現行版と比較すると、（現行版）「朝鮮では土地制度の変更が行われ、その結果、土地を失い、日本人の地主のもとで小作人として働いたり、日本や満州（中国の東北部）にわたって、鉱山などで厳しい労働についたりする人々も多くいました」を変更し、「朝鮮では、朝鮮の人々を日本の国民とする政策が進められました。学校では教育勅語にもとづく教育が行われ、日本語が国語として教えられました」に入れ替えた。「日本語で授業を受ける朝鮮のこどもたち」という写真との整合性を図ったためかと思われる。

問題にしたいのは、日本文教出版の変更である。この教科書も「朝鮮の学校では、日本語や日本の歴史の授業が行われるなど、朝鮮独自の教育を行うことがむずかしくなりました」と書き、また、朝鮮の独立をめざし、抵抗運動を続けた人々の存在を記述するなど、ほかの二社と違いはない。しかし、問題なのは、現行版にある「学習資料　柳宗悦（一八八九～一九六一年）」がまるまる削除されたことである。一九一九年の三・一独立運動が起こって、運動が弾圧された際に、柳宗悦が抗議を表明した（「朝鮮の友に贈る書」一九二〇年など）、その記事が消えてしまったことは問題である。現行版の文章はこうである。

「美術評論家の柳宗悦は、朝鮮の芸術を愛し、朝鮮の人々に親しみを感じていました。／独立運動がおこると宗悦は『日本は、朝鮮の人々の自由と独立をうばった。反抗する朝鮮の人々よりも、おろかなのは、圧迫するわれわれである。血の流れをみるような暴行をしてはならない。このことは、かつて一度も真の平和と友情とをもたらしたことがない』とうったえました。」

一九一九年の三・一独立運動がなぜ起こったのか、教科書の記述は三社どれも不十分であるが、独立運動への弾圧を批判し、日本大衆における朝鮮人への差別精神を指摘した日本人（柳宗悦）がいたという、とても大切な事実を日本文教出版は掲載していた。それをどうして消してしまったのか。いかにも残念というしかない。

「韓国併合」の記述一つをとっても、現行版（二〇一四年検定済）と新教科書（二〇一九年検定済）では違いがあり、なぜ、そのような記述に変更されたのか、その理由を探るだけでも植民地認識をめぐる重大な問題が浮上してくる。

三、現行中学校『歴史教科書』（二〇一五年検定済）における「韓国併合」

東京書籍、教育出版、日本文教出版は、それぞれ中学校の歴史教科書も出版している。したがって、小学校の歴史教科書と中学校の歴史教科書のそれぞれを比較してみることも大切であろう。しかし、ここでは、紙幅の都合もあってそれはできない。ここで試みたいのは、育鵬社（日本教育再生機構編纂）『新しい日本の歴史』と学び舎『ともに学ぶ人間の歴史』と日本文教出版『中学社会　歴史的分野』の、三冊の比較である。

日本文教出版の本文（囲みや図表を外して）のみを記してみる。

「日本は、一九一〇年、軍隊の力を背景にして韓国を併合して植民地としました。これを韓国併合といいます。併合によって、韓国は朝鮮と改められ、朝鮮総督府がおかれました。総督には軍人が任命されて、軍事力を背景とした植民地支配をおしすすめました。しかし、これに対する朝鮮の人々の抵抗も、根強く続けられました。」

「朝鮮総督府は、あらゆる政治運動を禁止し、新聞の発行も制限しました。そのため、先に植民地となった台湾と同様に、朝鮮の人々には選挙権が認められず、権利や自由も制限されました。学校では、日本語が国語として教えられ、朝鮮語の授業時間が減らされ、さらには日本の歴史が強制的に教えられました。このように、朝鮮民族の歴史や文化を否定し、日本に同化させる政策を進めました。また、総督府が実施した土地調査事業で土地の所有権者が確定するいっぽう、所有権が明確でないとして、土地を失う農民も現れました。」

朝鮮人における言論出版や政治活動の制限、参政権の否認、学校における日本語・日本歴史の強制や朝鮮語の制限・剝奪、そして、朝鮮人からの土地所有の剝奪、などなどが記されている。これに対して、育鵬社教科書はどうか。一目で記述の少なさに驚く。

「一九一〇（明治四三）年、政府は韓国併合に踏み切り、その統治のため朝鮮総督府を置きました。欧米列強にも、朝鮮半島の問題で日本に干渉する意図はありませんでした。」「わが国の朝鮮統治では、併合の一環として近代化が進められましたが、米の作づけが強いられたり、日本語教育などの同化政策が行われたので、朝鮮の人々の日本への反感は強まりました。」

植民地記述の軽視は明白であり、植民地統治によって朝鮮は「近代化」が進んだことが強調されている。問題は「近代化」の内実であろう。育鵬社は、近代化の事例に米生産高や普通学校数の増加を示している（一九一一年と一九三六年を比較する表を掲載）。しかし、米生産高については、一九二〇年に一二七〇万石が一九三四年に一八一九万石へと増加したものの、そのうち日本への移出米が一九二〇年に一八六万石であったものが一九三四年に九五〇万石に跳ね上がっており、移出米は増収をはるかに上回っていた。日本への移出増大が朝鮮内消費を犠牲にして達成されていた。普通学校の設置拡充は事実だが、日本国内の義務教育制度確立が一九〇〇年であったのに対し朝鮮ではとうとう実施されず、一九三六年で普通学校就学率は二五％（男四〇・〇％、女一一・四％）であった。特に、女子の就学率の低さは異常であった。大多数の子どもが就学機会を保障されないまま労働に従事していたのである（趙景達『植民地朝鮮と日本』岩波新書、二〇一三年。水野他『日本の植民地支配』岩波ブックレット、二〇〇一年、など参照）。数字の表面的な表示だけでは実態の本質を子どもたちに伝えることはできない。

学び舎の『ともに学ぶ人間の歴史』はかなり充実した記述になっている（見開き二頁）。ここでは、「植民地の学校」に限って引用しておこう。

「一九一一年、朝鮮総督府は、朝鮮での教育の目的を定めました。日本国内と同じように、教育勅語にもとづき、子どもたちを『天皇の臣民』とすることでした。全土に四年制の普通学校がつくられました。男子の就学率は、一九一〇年代の五％前後から、一九二〇年代後半には二五％を超えました。女子は三年でも卒業できるとされましたが、就学率は、一九二〇年代後半に五％ほどでした。」「学校では、修身と国語（日本語）が中心で、朝鮮語および漢文・算術・理科・唱歌・体操・図画・裁縫などの教科も教えました。子どもたちは、一部の教材をのぞいて、日本語で書かれた教科書で学びました。」「一方、書堂とよばれる、漢文やハングルを教える村の学校に通う子どもたちもいました。」

私は、この韓国併合の記述は簡潔明瞭であって、大学の教職科目の教材（資料）として学生に配布したい気持ちにかられてしまう。学生もまた、教職のテキストに挟まれるようにして、中学校歴史教科書の文章が大学の講義資料として提示されるのであれば、新鮮な驚きを覚えるのではないだろうか。
小学校の社会科歴史教科書は、教育史関連の事項として、「学制」（一八七二年）、「韓国併合（植民地教育）」（一九一〇年）、そして、「戦時下の子どもの生活」（軍事教練、勤労動員、学徒出陣、学童疎開、戦時中の教科書や戦意高揚雑誌、沖縄戦の学徒隊、被爆した子どもたち、など）をかならず載せており、他に教育勅語（一八九〇年）や水平社運動（山田孝《こ》野《の》次《じ》郎《ろう》少年の訴え）の記事もある。「韓国併合」（植民地教育）は必ず掲載されており、その位置づけの重さを改めて感じる。

小学校や中学校の歴史教科書における「韓国併合」の重さを思う時、大学の教職課程の講義（教育原理や日本教育史など）がその重さにふさわしいように語られているのか、自分自身反省させられてしまう。日本の近代教育は植民地教育を抜きに語ることはできない。なにゆえ、アジアの人々に日本語を強制したのか、これは日本の近代教育の本質を解き明かす重要な課題であり、教職を希望するすべての学生さんに考えてもらいたい主要問題の一つになるに違いない。小学校の歴史教科書はそのことを私たちに教えている。

三、国定教科書『国史』と朝鮮総督府編纂『国史』の中の「韓国併合」

現在の歴史教科書における「韓国併合」の記述を検討してみた。課題はいろいろ尽きないだろう。大切なことは、このような記述であってはならないという歴史の反省（研究の成果）からの学びであろう。そこで、戦前の国定教科書がいったい「韓国併合」をどう記述していたのか、また、現地の植民地朝鮮総督府編纂の教科書が「韓国併合」をいかに描いていたのか、その点を批判的に検討することは重要になるだろう。過去の教科書を検討し、現在の教科書の記述のあり方を考えてみたい。

(1) 国定教科書『国史』における「韓国併合」——他律性史観の問題

国定教科書『国史』における日露戦争の影響に関する記述については、すでに検討した。ここでは、なぜ「韓国併合」にいたったのか、その記述を中心にみてみよう。結論を先に述べれば、理由は韓国(朝鮮)は自らの力で自分たちの国を統治できないということであった。韓国は自律性を保てない国家であるという、他律性史観あるいは停滞史観によって韓国を描く記述であった。韓国は自分で自分の国を統治できない以上、日本による「韓国併合」は必然であったという説明であった。

一九一一年の第二期改訂版、『尋常小学日本歴史　巻二』(六年)は述べる。「韓国は我が保護の下にあること既に数年に及びしが、尚其の常に禍乱の淵源たることにより、天皇は日・韓相互の幸福を増進し、東洋の平和を確保せんが為に韓国を併合するの必要を認め」と。

続く一九二一年の第三期、『尋常小学国史　下巻』は述べる。「韓国は、我が保護の下にあること既に数年に及び、政治おひおひに改りしが、其の国多年の弊政は全く除きがたく、民心なほ安《やす》かざるを以て、国利民福を進めんには、日・韓両国を合はすの外なきこと次第に明かとなり、韓民中にも之を望むもの少からず。」

なお、一九〇九年にハルビンで安重根《アンジユングン》によって暗殺された初代統監伊藤博文について触れている。これは次の第四期(一九三五年)にも載るが、第五期(一九四一年)には掲載されていない。暗殺の事実は時局にふさわしくないという判断だったのだろう。

第四期の一九三五年、『尋常小学国史　下巻』も、ほぼ同じである。「数年の間に、政治もおひ〳〵

に改つたが、何としても、長い間つゞいた弊害は、なかなかたやすく取去ることが出来ず、人民は、なほ不安な生活を送つてゐる有様であつた。それ故、この上国利民福を進めようとするには、どうしても、韓国を日本に併合せねばならぬことが、しだいに明らかとなり、韓民の中にも、これを望むものが少なくなかつた。」

第五期の一九四一年、『小学国史　下巻』は、日露戦争は「東亜諸国の自覚をうながした」との一文を入れたが、韓国併合にいたる経緯の説明は、これまでとほぼ同じであった。

第六期の一九四三年、最後の『初等科国史　下巻』はこれまでの記述を変え、「弊政がなお続いた」を改め、韓国は「ますます日本に信頼を深めた」とし、併合への経緯を説明している。「韓に対する他国の干渉を、いっさい取り除き、ついで、内政の改革を指導しました。かうして韓は、ますますわが国に対する信頼を深め、韓民の中には、東洋の平和をたもつため、日・韓両国が一体になる必要があると考へるものが、しだいに多くなりました。」

韓国が日本の指導に信頼を表明して、併合に至ったという強調であった。第六期歴史教科書の編纂趣旨の一つ、「海外発展の壮図を特筆する」にそう文章の変更であったと言えそうだ。他律性史観による韓国併合の描写であることは明らかであった。

さて、次に問題にしたいのは、朝鮮総督府が編纂した『国史』における韓国併合の描写である。日本人教師が、あるいは朝鮮人教師が、朝鮮の子どもたちに自らの国はこのようであるがゆえに日本に併合された、という説明をいかに行ったのか、という問題であった。自らを被支配者（奴隷）であると観念する記述であったのだ。

(2) 他律性史観と「皇国近代化論」——朝鮮総督府編纂『国史』

日本の植民地教育については、言語教育において日本語が強制され、民族語が排除されたように、歴史教育においても皇国史観に基づいた日本の歴史が強制され、民族史は排除された。これは植民地朝鮮においても同じであった。朝鮮総督府編纂『国史』は、国体の尊厳の名のもとに「日韓併合」と「内鮮一体」の歴史的必然性を説明し、朝鮮の子どもたちに皇国臣民(永久奴隷)の意識を植えつけることが目的であった(小沢有作『民族教育論』明治図書、一九六七年。磯田一雄『「皇国の姿」を追って』皓星社、一九九九年、参照)。

小沢有作は、歴史を教えない第一次朝鮮教育令期(一九一一年〜)、日本史を中心としながら朝鮮の歴史にも触れる第二次朝鮮教育令期(一九二二年〜)、そして、朝鮮史をまったく抹殺して日本史だけを教えた第三次朝鮮教育令期(一九三八年〜)、とおおよそを区分した。

第二次朝鮮教育令期の教科書、『普通学校国史　下巻』(一九二四年)や『普通学校国史　巻二』(一九三三年)は、国定教科書『国史』とほぼ記述内容は同じであった。そこで、第三次朝鮮教育令期の教科書を見ていこう。

一九三七年の日中戦争の勃発によって、植民地朝鮮の教育方針は大きく転換する。これまでの微温的な「内鮮融和」政策から強硬な「内鮮一体」政策への路線変更が行われた。第三次朝鮮教育令は、「皇国臣民」(新たな造語)を目的に掲げ、陸軍に特別志願兵制度を創設し(一九三八年)、「朝鮮人の日本人化の徹底」を求めた。

一九三八年の『初等国史　巻二』(六年)は、日露戦争の影響をこう述べる。「この戦役で、わが国は、世界の大強国ロシアに連戦連勝し、大いに国威を世界にかゞやかすことが出来た」。これは、国定国史教科書の記述と同じであり、アジアの人々を勇気づけた、とは書かれていない。ただし、保護時代（一九〇五年〜）から併合にいたるところを以下のように記述している。

「韓国では、長い間つゞいた弊害がにはかには改らないで、その時の政府に反対なものが、またひそかに他国をたのみにして、せっかくの改革をかきみださうとした。」

「けれども新しい政治をよろこばないで、大臣たちをにくみ、暴動を企てるものなどもあって、人民は、そのためにはまだ不安な生活を送ってゐる有様であった。それ故、韓国人民の中には、日・韓の両国を合併したいと希望し、これを皇帝に願ひ出るものさへあらはれた。」

これは国定教科書の執筆者には書けない、植民地支配の当事者の生々しい感情の吐露（恐怖と敵対とも受けとることができよう。暴動を企てるなど不安な生活が続いたので、「韓国併合」に至ったとする支配者の正直な記述だったのではないだろうか。併合後の韓国を以下のように述べている。

「その上、朝鮮は昔からわが国との関係が密接で、いつの時代にも往来があったばかりでなく、気候・風土・人情などが似かよってゐて親しみが深いから、併合以来、次第に融合同化し、また教育は普及し、文化は進んだので、その発達にともなはせるため、もろもろの制度も、次々に改正された。それ故、今日では、よく融和して一体となり、力をあはせて帝国の発展をはかり、人民の幸福はいよいよ増進し、東洋平和の基はますます固くなった。」

一九四一年の『初等国史　第六学年』は、日露戦争の影響を次のようにいう。「国力はますます充実して、わが国は世界の強国になりました。したがつてヨーロッパやアメリカの人々に、世界で自分たちが一ばんすぐれてゐると考へてはならないことをさとらせるやうになり、また、世界各地の人々を目ざめさせました。さうして、東亜のまもりは、わが国が中心になつてかためられてゆきました。」

国定国史教科書とは明らかに違う。東亜諸国ではなく世界の人々を目ざめさせたとしている。欧米列強への敵愾心《てきがいしん》がしっかり胸底に隠されているように感じる。植民地というアジア支配の最前線にいる者の心情が垣間見えるようだ。

『初等国史　第六学年』は、「朝鮮地方の人々」に向かって、植民地統治の成果＝近代化の促進を語る。「(天皇陛下は) 朝鮮地方の人々をひとしく皇国臣民として御いつくしみになり、特別のきまりを設けてまでも、役人におとりたてになり、多くの学校を設けて、一やうに教育に関する勅語のおぼしめしで教育をおひろめになり、ひたすらまつりごとのゆきとゞくやうにおはかりになりました。」「したがつて、世の中はおだやかになつて、産業は開発され、中でも農業や鉱業の進みが著しく、近年は工業の発達もめざましく、海陸の交通機関はそなはり、商業はにぎはひ、貿易は年ごとに発展してゆきました。また、教育がひろまり、文化が進むにつれて、風俗やならはしなども、しだいに内地とかはりないやうになり、制度もつぎつぎに改められて、内鮮一体のすがたがそなはつてゆきます。」

国定国史教科書の皇国史観をはるかに超える、植民地の現実が要請する「皇国近代化」史観とでも言えようか。もう一つ、重要な皇国臣民化教育の課題を述べている。

「とりわけ、陸軍では、特別志願兵の制度ができて、朝鮮の人々も国防のつとめをになひ、すでに戦争に出て勇ましい戦死をとげ、靖国神社にまつられて、護国の神となつたものもあり(ます。)」

朝鮮人の子どもたちに天皇に命を捧げる、あからさまな「死の教え」が説かれていた。兵隊への「志願」が強制された皇国臣民教育の記述であったろう。

一九四四年、戦争末期・植民地支配の末、最後の教科書『初等国史　第六学年』はいっそう饒舌である(一九四一年『初等国史　第六学年』は二二八頁であったが、一九四四年版は二八九頁、六〇頁増である)。

「世界の各地で、ヨーロッパやアメリカの国国におさへられて来た人人は、これからめざめはじめました。それと同時に、ヨーロッパやアメリカの人人の中には、自分たちが世界でいちばんすぐれてゐると考へてはならないことをさとるものもあらはれ、ひいては、わが国の発展をおさへなければならないと考へるものも出ました。」

皇国史観に照らし、一九四一年版に対して加筆すべき点など、注意を怠ってはいない記述となっている。「韓国併合」に関する記述はそう大きな変更はない。ここでは、最後の「第二十八　共栄のよろこび」(二八頁の長大な節)に注目したい。国定国史教科書には記述のない「玉砕」という文字が躍っており、戦争末期の「狂気」が感じられる。

山本五十六《いそろく》元帥の戦死(一九四三年四月一八日)、アッツ・キスカの玉砕(五月二九日、七月二九日)、ギルバード諸島のマキン・タラワの玉砕(一一月二五日)、そして、マーシャル群島のクエゼリン・ルオットの玉砕(一九四四年二月六日)が書かれている。たとえば、「二月はじめ、マーシャル諸島のわが陸海軍守備部隊六千五百は、天敵をむかへて戦ふこと七日、残念にも、れんらくをたたれて力がつき、クエゼリン・ルオット二島に、愛国の熱血をそそいで玉砕しました。」

「敵国降伏のちかい」を新たにし、「見敵必殺の精神」「必勝のかまへ」を説き、国産み神話にまで遡って「修理固成《しゅうりこせい》(大八洲《おおやしま》誕生の詔《みことのり》)の大使命」を論じている。「私どもの家も学校も、すべて戦場であることがはつきりして来た」とのべ、「身命をかへりみないで、天皇陛下に仕へまつる」として、教科書の記述は終わっている。

文字通り、日本帝国主義の最終段階を象徴する教科書であったろう。この教科書は植民地教育のレベルをはるかに超えた大東亜教育をめざしているのだが、これも、朝鮮の被植民地民衆に語るという政治的文脈が存在したからこそ可能であったとも言える。結果として、朝鮮植民地支配（韓国併合）の暴力性や抑圧性を余すところなく示しているのである。

私は、朝鮮総督府教科書における朝鮮の人々に対する人間観（優越感と侮蔑意識）を何より問題に感じる。こうした人間観の厳しい反省に立って、現在の教科書は執筆されなければならないと思う。

＊　＊　＊

私は、小学校社会科歴史教科書における「韓国併合」（植民地教育）に関する記述を検討してみた。それら記述にはいろいろ問題も感じた。おそらく、「韓国併合」の叙述については、今後も、何を、どのように表現すべきなのか、歴史認識をめぐって議論は絶えないのだと思う。同時に、私は、歴史認識とは別に、小学校の歴史教科書に朝鮮の人々に日本語を強制（教育）したという事実が記されている点を重視したい。私たちはなにゆえにアジアの人々に日本語を強制してしまったのか。近代日本は、アジアの人々の固有の文化を否定するような植民地教育をどうして生みだしてしまったのか、その根本的な原因を探り出す必要性を改めて感じた。小学校の歴史教科書に書かれたその記述は、私たちの歴史認識の核心をつねに問うものであり、また、教育とは誰のために、何のためにあるのかという近代教育の根本的な原理を問い返さずにはおかないものであった。私は、大学の教職課程を受講する学生さんとともにこの二つの問題を考えていきたいものだと思っている。

（さとう・ひろみ／『前衛』二〇一九年九月号）

「嫌韓」の歴史的起源を探る

――なぜ、日本のメディアの韓国報道は歪むのか　韓国報道を歪ませる「眼鏡」の系譜

加藤直樹（ノンフィクション作家）

■まるで熱病のような韓国叩き

一週間でいいので、通勤時にキヨスクの店先に下げられた夕刊フジの広告を覗《のぞ》いてみてほしいと思う。ほぼ毎日、韓国叩きの見出しが並んでいるはずだ。たとえば二〇一九年一〇月一五日の見出しは「韓国崩壊寸前／軍極秘決起／タマネギ法相電撃辞任舞台裏」だった。

こうした傾向は、少なくとも安倍政権発足直後の二〇一三年ごろから始まっているが、二〇一八年末の「レーダー照射」問題以降は、ほぼ毎日が、韓国叩きである。「夕刊フジ公式サイト」の「韓国特集」というページを見ると、「日本〝依存〟の韓国経済は『崩壊寸前』／輸出管理規制に文政権は逆上！」「韓国・文政権の〝災厄〟に日本はどうする？　武藤元駐韓大使が激白『批判受ければ逆ギレ…手に負えない』／核保有の〝統一国家〟出現なら『日本も「目覚める」しかない』」といったタイトルが並んでいる。

夕刊フジだけではない。昼間、テレビで放送しているワイドショーも、何かあるごとに韓国叩きに没頭する。それも各局横並びで、である。まるで熱病だ。ある放送では、漫画家の黒鉄《くろがね》ヒロシがボー

ドに「断韓」の文字と共に豊臣秀吉のイラストを描いて掲げながら「日本人全体が堪忍袋の緒が切れた」と語り、安倍政権擁護で知られる政治ジャーナリストの田崎史郎は、「今まで（韓国を）甘やかし」ていたので「甘えの構造からの脱却をはかる」というのが日本政府の考え方だ、と解説してみせた。

ネット媒体に至っては言うまでもない。適当にタイトルを並べれば、「文政権、反日の本性現す」「韓国のヒステリックな〝低次元〟抗議」「韓国が逆立ちしても日本に勝てない理由」「裏切りの韓国。すり寄る中ロや北にもソデにされる文政権の断末魔」「韓国・文在寅、世界中があきれる『無知』と『異常』のヤバすぎる正体」「日本依存の韓国経済は崩壊寸前」「日本を舐めてた韓国・文政権」といった具合だ。そこには、ドイツやメキシコやカンボジアといった他の国に対しては決して向けられることのない強烈な負の情念と歪みがある。

こうした韓国叩きの論調を眺めていると、通底するメッセージの存在に気づく。言葉にすればそれは、韓国は異常な国であり、韓国人は感情的で浅はかな人々である、韓国は日本を侮っているが、日本人は彼らより優れているから、日本に刃向かう彼らの目論見は必ずや破綻する——といったところだろう。

■当代一流の知識人たちの歪み

こうした歪んだ韓国認識は、決して大衆的で扇情的なメディアだけのものではない。当代一流の知識人たちですら、こと韓国となると驚くような歪みを見せるのを、私はたびたび見てきた。

たとえば、私の手元に今年（二〇一九年）九月二九日に毎日新聞に掲載された、佐藤優（作家、元外務省主任分析官）、三浦雅士（評論家）、岡本隆司（京都府立大教授、近代アジア史）の三氏による鼎談《ていだん》記事がある。鼎談のかたちで書評を行う企画だが、日韓関係をテーマとした本も取り上げられている。文意を捉えにくい佐藤優の発言は置いておくとして、三浦、岡本両氏のコメントには、やはり韓国への視界の歪みが感じられる（ただし、短くまとめられたコメントが彼らの真意をどこまで正確に伝えているかということは留保すべきだろう。一つの言説のサンプルとして取り上げていると理解してほしい）。

まずは三浦である。彼は、佐藤優の「韓国では親日はタブー。個人では日本を擁護できても公の場ではできない」という通俗的な議論を引き受ける形で、「個人が集団になると別人になるのはなぜか」という問いを立て、吉本隆明の共同幻想論などを引きながら「歴史は一種の精神分析」との持論を展開する。その上で、「韓国の人たちの反日の背景には、何か隠しているもの、抑圧の構造がある。……軍部に支配された戦前の日本の構造に似ている」と主張している。

トンチンカンというほかない。もちろん、精神分析的にアプローチすれば、どこの国の社会にも隠された情動を見出すことは可能だろう。だが民主化された今日の韓国、あれほど社会運動が盛んな韓国を「軍部に支配された戦前の日本」（この日本像も相当に陳腐だが）になぞらえるのは、的外れにもほどがある。意地悪な言い方をすれば、その「戦前の日本」によって文字通り「抑圧」されていた韓国を、ほかならぬ日本人の三浦が「戦前の日本」になぞらえてみせる行為には「何か隠している」情動があるのではないかとも言いたくなる。そもそもなぜ、日本の「嫌韓」こそが、「何かを隠している」と思わないのだろうか。

言うまでもなく三浦は、ワイドショーに居並ぶお気楽なコメンテーターとは違う。かつて『ユリイカ』や『現代思想』の編集長を務め、フランス現代思想を日本に紹介した高名な批評家である。その三浦にして、こと韓国となると、いい加減なことを言えてしまう。よく知りもせずに普遍の高みから韓国を精神分析できてしまうのである。

三浦に続いて発言するのは岡本隆司。優れた中国史研究者である。その彼は何を語っているか。

「現在の日韓対立の歴史的背景には、朝鮮半島に残る『小中華』思想の矜持がある。他の国々に対し、自分たちが中心・上位にいるという意識で、だから本来下であるはずの野蛮な日本に植民地支配されたことは『道義』的に許されないと考えている。だから親日がタブーなのだ。彼らの世界観と行動様式の根っこの部分は現在も変わっていないように見える」

なるほど確かに、朝鮮の歴史に「小中華」の思想が登場するのは事実だ。朝鮮王朝が冊封を受けていた明が滅亡し、中華を名乗る資格が疑わしい満州族の清が中原を征服した一七世紀の移行期に、今や儒教的理念を明から受け継いだ朝鮮こそが中華なのではないかという議論が、朝鮮の知識人の間で起こっている。だが結局、朝鮮王朝は清の冊封を受けることを選んだ。この時期の議論をもって朝鮮民族が「他の国々に対し、自分たちが中心・上位にいるという意識」を持ち続けてきたという議論につなげるのは、無理がある。

むしろ後述するように、日本でこそ、「小中華」「小帝国」思想は繰り返し登場している。朝鮮を属国と宣言した記紀神話しかり、それを復活させた江戸時代の国学しかりである。そして近代以降の日本が「(周辺の)他の国々に対し、自分たちが中心・上位にいるという意識」を強烈に持つ「大日本帝国」であったことは、言うまでもない。

もちろん、歴史学者である岡本にとって、そんなことは自明のはずである。問題は、にもかかわらず、こと韓国について語るとなると自国への客観的な視線が消え去り、韓国の特殊性（普遍性に対する意味での）のみが膨れ上がって見えるという機制が働くことだ。

さらに踏み込めば、岡本は、韓国人が日本の植民地支配を「道義」的に許せないのは、日本を「本来下であるはずの野蛮な」国と見る「小中華」的な世界観のせいであるとしているが、これは驚くべき主張である。言うまでもなく、韓国であれどこであれ、植民地支配は「道義」的に許されないというのが、今日では国際的な常識となっているからである。岡本の議論は、朝鮮民族が日本の植民地支配を否定するのは日本を「本来下」の「野蛮な」国と見て軽侮しているからであり、そうでなければ許せるはずだという意味になる。それはそのまま、先に紹介した田崎史郎の「日本はこれまで韓国を甘やかして来た」という議論ともつながっている。

この二人もそうだが、多くの知識人の言説に、日韓両国の間に存在する全ての差異や立場の相違を、韓国が異常／特殊なのだと解釈する傾向を見ることがある。裏を返せば、韓国に対するときに限っては、日本は正常／普遍そのものであることが自明の前提となるのである。こうした構図があるから、植民地支配が許されないとする韓国の認識が「特殊」であり、植民地支配が許されると考える日本の（?）認識が、「普遍」となる。

ここまで来れば、煽情的なメディアの論調から知識人の言説に至るまでの韓国認識の歪みのあり方が、一つの連なりをもって見えて来るのではないだろうか。

■歴史的な根深さ

こうした韓国認識の歪みは相当な歴史的な根深さを持っている。そのことは、たとえば一〇〇年前の一九一九年に三・一独立運動を報じた当時のメディアの論調を見れば分かる。山中速人「三・一独立運動と日本の新聞」によれば、日本の新聞は三・一独立運動が始まった当初、「大多数の朝鮮人は独立の何たるやを理解して騒動に加はりたるものに非ず。一時の群衆心理的衝動に出たるもの」と嘲笑した。ところが、運動が拡大していくと、今度は「悪辣《あくらつ》なる野心教――煽動者は米宣教師」などと、無知で無力な朝鮮人を背後からそそのかす国際的な「反日」の陰謀をにおわせ、さらに独立宣言の発表を導いた天道教（東学）の指導者について、「独立運動を利用して……朝鮮国王たらんとするの大野望を抱いて居る」「宏壮の邸宅を構へて数名の妾を蓄へ」ているといった真偽不明のスキャンダルを書き立てる。

運動の展開を伝える報道も歪んでいた。憲兵隊の発砲でデモ隊から死者が出ても「〇人が死傷」というように事実のみをあっさりと書く一方で、群衆の反撃で憲兵にごくわずかな死者が出ると「壮烈」「惨殺」といった文字が躍る。さらに、「最早示威運動者にあらずして暴民」「鎮撫《ちんぶ》せざれば其危険図り知るべからず」として、政府に強硬策を求める。朝鮮人は「緩むれば附上がり、嚇《おど》せば縮む鮮人の通有性」をもつのだから、ガツンとやればおとなしくなるだろうというのである。

先に、韓国叩きを行う二〇一九年の大衆的メディアの論調に通底する認識を、「韓国は異常な国であり、韓国人は感情的で浅はかな人々である、韓国は日本を侮っているが、日本人は彼らより優れているから、日本に刃向かう彼らの目論見は必ずや破綻する」とまとめてみたが、こうして見たとき、三・一独立運動に対する当時の論調にも、ほとんど同じ主張が見える。なぜだろうか。

私は、今の私たちが一〇〇年前と同じ歪んだ韓国・朝鮮認識の枠組みに閉じ込められているからだと考える。例えればそれは、歪んだ「眼鏡」のようなものである。

私たちは現実を無編集のまま、ありのままに見ることはできない。必ずそれを整理し、ふさわしい位置を与えるための編集を、ある知的枠組み、世界観、イデオロギー、パラダイム——要するに「眼鏡」を通して行っている。その「眼鏡」が、韓国・朝鮮認識については相当に歪んでいるのが、日本の言論空間なのである。どれほどの膨大な情報も、どれだけ最新の知見も、その「眼鏡」を通せば、すべて、愚かで感情的で甘えた「反日」集団である韓国・朝鮮人という像に編集されてしまう。しかも眼鏡は、かけている人に存在を意識させないから、本人は韓国を客観的に見ているつもりでいる。

こうした「眼鏡」は、あらゆる知的枠組みと同じく、宿命的なものではなく歴史的に形成されたものである。だとすれば、その形成過程を解明し、「眼鏡」を可視化していくことが、韓国認識の歪みを克服する手掛かりになるはずだ。

私は歪んだ韓国・朝鮮認識の歴史的起源を、尊王思想による属国視—進歩主義に基づく劣位視—「藩屏《はんぺい》」論による客体視という系譜で押さえることができるのではないかと考えている。以下、説明していこう。

■尊王思想による属国視

以前、東京・上野にある下町風俗資料館で、大正期の子ども向けの双六《すごろく》を見たことがある。古代から現代に至る日本の歴史を賛美するその双六のスタート近くに置かれていたのは、神功皇后の「三韓征伐」だった。コースの中間には秀吉の朝鮮出兵があり、ゴール近くには韓国併合がある。その三つとも他よりも大きなコマを使って好意的に表現されており、いかに朝鮮の支配が日本の「栄光」にとってエポックであると考えられていたか、よく分かるものだった。

特に、神功皇后の存在感の大きさが印象的だった。もちろん神功皇后はその存在自体が神話にすぎないわけだが、戦前の教科書では史実として記述され、また紙幣にも肖像画が描かれていた。それは、日本の朝鮮支配の正当性をアピールするために必要とされた物語だった。

戦後、神功皇后はすっかり忘れ去られた。だが問題はそれで終わるものではない。というのは、この神話の背景には、日本という国の自己認識を規定する、もっと大きな世界観の問題があるからだ。

近代国家は支配の根拠となる正統性を必要とする。幕末のナショナリズム運動は、それを「天皇」に求め、明治維新を実現した。その思想的源流は水戸学であり、その起源たる国学であった。そして国学は、「古事記」や「日本書紀」のなかに〝本来の日本〟を探し求め、そこに「皇国」というビジョンを見出すものだった。

ではそもそも、「古事記」「日本書紀」とはどのような書なのか。実はこれらもまた、八世紀の倭国の指導者たちが、「日本」という新しい国を始める上で必要な神話をつくり上げたものだった。

当時、北東アジアは激動のなかにあった。それまで、いわば朝鮮半島の離れ小島としてこの地域の勢力争いに深く関与していた倭国の指導者たちは、高句麗、そして唐と同盟を結ぶ新羅といった強大な勢力の登場によって、朝鮮半島での足場を失っていく。そのため彼らは、日本列島を中心とする新しいアイデンティティーをつくり上げる必要に迫られた。その過程でつくられたのが、「日本」という国号であり、「王」に代わる「天皇」という称号である。

それは単なる呼び名の変更ではなく、世界観の組み換えであった。それまでの「倭国」とは異なり、「日本」は中国の冊封を受けず、自らを中国と対等な小帝国と見なし、朝鮮諸国を日本に臣従する国と見なすことにしたのである。もちろんそれは実態を伴わない、かくあれかしというファンタジーである。

古代文学を研究する神野志隆光《こうのしたかみつ》は、この転換について次のように指摘している。まず「日本」という国号は、「日（太陽）」との特別な結びつきを示唆するものであり、中国の皇帝権力がその正当性を「天」に求めていることを意識している。そして、「天皇」という称号は、中国の古典にも登場する「皇帝」の別称であり、当時の日本では「天皇」の他に「天子」「皇帝」の称号も使用されたという。

皇帝と王の違いは、今日ではあいまいに理解されているが、本来は、「天」に承認された中国の指導者が「皇帝」であり、その皇帝が冊封した周辺民族の指導者に与える一種の爵位が「王」である。つまり新生国家「日本」は、自らを中国と同格の帝国と規定したのである。

帝国である以上、これに臣従する諸民族が存在しなければならず、その指導者を「王」に封じなければならない。日本はそれを、朝鮮諸国に求めた。神野志は、「大宝令」に登場する「隣国は大唐、蕃国（＝属国）は新羅なり」という一文を示している（図参照）。実際に臣従を求めたのだが、統一

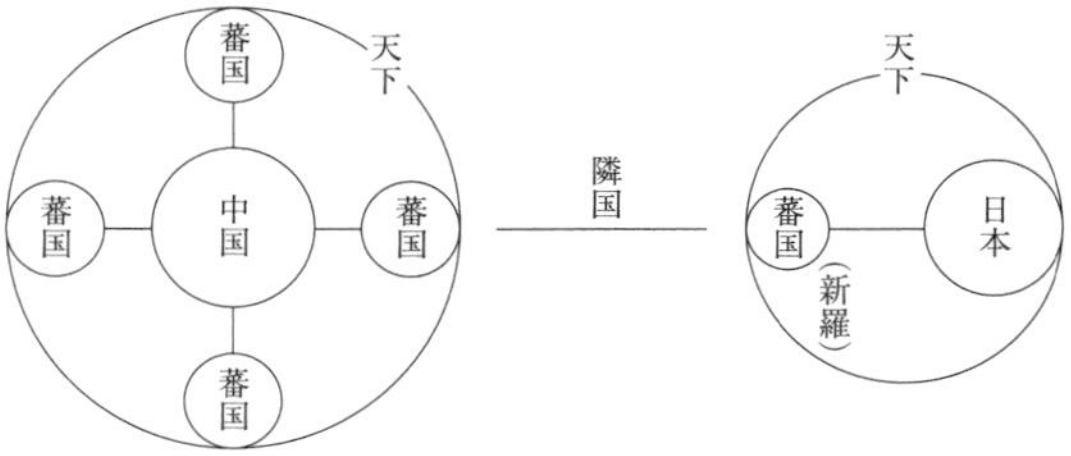

（神野志隆光『古事記と日本書紀』講談社現代新書）

新羅と渤海には拒否された。それでも日本は、自らを帝国として演出した。

「古事記」「日本書紀」編纂の目的の一つは、帝国としての日本を神話によって演出することだった。「西方に宝の国あり」という神のお告げに従って朝鮮半島に渡り、新羅を討ち、百済、高句麗をも服属させたという神功皇后の「三韓征伐」の物語は、その一部をなしている。

江戸時代後期、近代に向かって日本のアイデンティティーを求める動きの中で、記紀神話の朝鮮属国視もまた甦《よみがえ》った。本居宣長は、「古へ韓の国々は、多く皇国に服属して」いたと書く。それは、幕末の危機感と政治的高揚のなかで、実際に朝鮮を征服しようという「征韓論」に帰結する。農政学者の佐藤信淵《のぶひろ》は著書『宇内混同秘策』で、日本の世界支配の第一歩として、まずは朝鮮を攻略すべしと訴えた。朝鮮人たちを「撫育」「駕御」し、朝鮮を「支那を征するの根幹」、つまり中国侵略の拠点とするべきだというのだ。

吉田松陰は、「朝鮮のごときは古時我れに臣属せしも、今は則ちやや倨《おご》る」として、「師をおこして三韓の無礼を討」つべきであり、「神功（皇后）の未だ遂げざりし所を遂げ」るべきだと主張する。平野国臣や真木和泉も征韓を唱えた。

天皇を擁立した新政府が誕生すると、征韓論は早くも現実の選択肢として浮上する。一八六八年（明治元年）、新政府の樹立を伝える国書の受け取りを朝鮮が拒否したことに対して、日本側で反発が噴き上がり、朝鮮は「皇国を蔑視」している、「朝鮮は討つべし」という声が上がったのである。

朝鮮が国書を拒否したのは、その中に、これまでの「日本国王」に代わって「皇」や「勅」といった文字があることに反発したからである。先に説明したとおり、「皇」と「王」では格が違う。清の冊封を受ける朝鮮「国王」としては、これを認めれば日本の下位に置かれてしまう。反発は当然だが、日本側はこれを日本に対する「蔑視」と受け取った。「王」が「皇」を認めないのは「蔑視」だというのだから、それこそ傲慢と言うべきだろう。

その後も、記紀神話に基づく「天壌無窮《てんじょうむきゅう》」「万世一系」の天皇＝皇帝を戴く大日本帝国で、朝鮮属国視はメディアや知識人の様々な言説や教育を通じて社会に浸透する。「韓国は日本に甘えている」「日本を侮っている」といった論調の起源は、ここまでさかのぼることができる。つまり、そもそも日本と対等に振る舞おうという態度自体が、日本への「甘え」であり、「侮り」だという前提が無自覚に存在しているのだ。

■進歩主義による朝鮮の劣位視

明治以降に日本が参入した近代世界は、西欧列強を頂点に、それとの距離で測られる「進歩」を基準として各地域を評価する世界でもあった。かつて華夷秩序のなかで独自に朝鮮を「蕃国＝属国」視する神話をつくった日本は、今度はいわばその近代版として、「進歩」を基準とする朝鮮劣位像をつくり上げていく。それは、尊王思想に基づく朝鮮属国視の上に接木《つぎき》され、成長していった。日本近代のイデオローグたる福沢諭吉の言説を中心に見てみよう。

福沢は『文明論之概略』で、文明は「野蛮」「半開」「文明」という「順序階級」を踏んで進んで行くものであり、その頂点にあるのが西洋諸国だとしている。今で言う発展段階論である。この進歩の階梯に占める位置によって、地球上のすべての地域は相対的に評価されることになる。「半開といえどもこれを野蛮に対すればまたこれを文明といわざるを得ず」。例えば、中国は西洋に比べれば半開だが、アフリカに比べれば文明だという。世界の多様な地域は、西洋を頂点とし、そこに向かう階段の上に並べられる。あるいは、「遅れている」「進んでいる」といった表現に沿って言えば、この階段は時間軸でもある。日本の政府や知識人が努めるべきは、この階段を上っていくことであり、時間軸の上を欧米を追いかけて走ることだった。

さて、その福沢が朝鮮と出会ったのは、一八八一年（明治一四年）のことだ。来日した朝鮮使節団と面会し、朝鮮の実情を聞いた彼は、その感想を、「三十年前の日本なり」と表現した。福沢は幕末の日本のような身分社会という意味でこう表現したのだろうが、よくよく掘り下げて考えれば、ここで決定的に新しい朝鮮認識が始まっていることが分かる。

日本と同じ時代に存在しているはずの朝鮮が、実は三〇年前の日本でもあるとは、どういうことだろうか。それは、日本人の側が、自らの過去を朝鮮に投影していることを意味する。また、朝鮮が進むべき方向が今の日本（朝鮮から見て三〇年後）であり、朝鮮の望ましい未来は、日本と同じになることだということを意味している。「三十年前の日本」という表現には、こうした認識の大転換がある。今や朝鮮は、同時代の存在でありながら、同時代を生きる他者ではなく、日本人にとっては他者性のない既知の過去となった。そこに対等に学び合うべきものがあるはずもない。

ところで福沢は、一八八二年に発表された「脱亜論」のイメージで、朝鮮に対して冷淡であったと思われているが、それ以前はむしろ「朝鮮の改造」に熱心であった。彼は、日本にならった近代化を目指した金玉均《キムオッキュン》などの開化派官僚を全力で支援していたのである。彼が「脱亜論」を書いたのは、金玉均の甲申事変（八一年）が失敗したことで、朝鮮に愛想をつかした結果だった。

だが福沢の朝鮮支援は、「亜細亜東方に於て此首魁盟主に任ずる者は我日本なり」、「武以て之を保護し、文以て之を誘導し……止むを得ざるの場合に於ては、力を以て其進歩を脅迫するも可なり」という傲慢な進歩主義に立つものだった。日本側からは既知の過去にしか見えない朝鮮への〝支援〟は、対等な相手との連帯ではありえなかった。

同じことは、福沢が手を引いた後に朝鮮への介入を試みた民権左派の「大阪事件」についても言えるだろう。彼らは朝鮮に乗り込んで守旧派官僚を殺害することで朝鮮の開化派を支援しようと考えた。実態としては、朝鮮で事を起こすことで日清の衝突を誘発しようと企図したものだったが、指導者の大井憲太郎はこれを「四海兄弟の主義」に立つ国際連帯だと自認していた。ところが彼らの中には、朝鮮語を理解する者は一人もいなかった。朝鮮に「欧米文明の化を播かんと欲す」というその言動には、傲慢さが見て取れる。

朝鮮半島の覇権をめぐって日清戦争が始まると、福沢はこれを「文野（文明と野蛮）の戦争」であると宣言した。また、内村鑑三は「日本は東洋に於ける進歩主義の戦士なり」と書いている。当時の新聞のポンチ絵には、こんなものがある。赤子のように小さい朝鮮人を腕に抱いた日本軍人が、中国人の頭に「文明」と書かれた銃弾を撃ち込むのである。文明日本が、野蛮な中国から無力な朝鮮を救うというわけだ。

進歩主義は、言うまでもなく、「進歩派」の思想でもある。朝鮮史研究者の梶村秀樹は、明治から昭和期にかけての進歩的な経済学者やマルクス主義者たちについて、朝鮮には内在的な発展は存在しないとする「朝鮮停滞論」を展開したと批判している。梶村は、それを、「西欧に基準をおいて……日本の『封建的』要素、『特殊性』のみを一面的に強調していく方法論自体に発して」いるとする。西欧に「遅れている」日本という視点をそのまま朝鮮に振り向ければ、朝鮮は「一段と遅れている」という図式になってしまうというのである。

ただし、これを「進歩」や「近代化」一般の物差しで朝鮮を測るものとだけ見ると、その中に含まれる最も奇怪な含意を見逃すことになるだろう。つまりそこでは、朝鮮における「進歩」とは日本と同じになることだという図式が無前提に設定されており、朝鮮が持つ日本との差異が、すべて「日本より遅れている」という解釈に流し込まれている。西欧に対しては〝特殊〟である日本が、東アジア、特に朝鮮に対しては〝普遍〟そのものとなり、朝鮮が〝特殊〟へと位置付けられるのだ。冒頭に紹介した、毎日新聞の鼎談に表れた現代日本の知識人の言説に見出されるのも、この〝進歩主義に基づく朝鮮の劣位視〟だろう。

■「藩屏」論による客体視

日清戦争へと向かうころには、朝鮮属国視と進歩主義が絡まり合いながら日本の朝鮮への進出を正当化し、さらに朝鮮を日本の「藩屏」と規定する議論が浮上してくる。藩屏とは、防壁のことだ。福沢諭吉は一八八七年（明治二〇年）、「朝鮮は日本の藩屏なり」と題した論説を発表する。日本の領土を守るためには「遠く日本島外の地」にまで進出して「防禦線」を張る必要があり、それは「必ずや朝鮮地方たるべきや疑を容れず」というのだ。こうした思想を国家戦略として正式に表明したのが、一八九〇年（明治二三年）の第一回帝国議会における山縣有朋首相の演説である。有名な「主権線／利益線」だ。「主権線」とは日本国の主権が及ぶ領土・領海であり、「利益線」とは、それを守るために、その外に張られるべき勢力圏を指す。山縣は、朝鮮半島こそが日本の「利益線」だと主張した。

朝鮮が日本の藩屏＝防壁であるとは、朝鮮が日本の「手段」「道具」であることを意味する。その論理を正当化するためには、朝鮮自身の主体性、あるいはその可能性を否定する必要があった。こうして、朝鮮民族自身は独立を保つ能力を持たず、必要な改革を行う能力を持たないとする朝鮮観が形成されていく。先に紹介した朝鮮停滞論などもそのためのイデオロギーである。他者としての、主体としての朝鮮を否定するこうした思想を、韓国政治史研究者の森山茂徳は、「朝鮮客体観」と呼ぶ。その後それは、朝鮮の保護国化から、ついには朝鮮人の主体の全面否定としての韓国併合に帰着し、ここに文字通りの朝鮮「客体」化が完成する。ちなみに「韓国併合条約」が掲げた大義名分は、朝鮮民族の「保護」と「福利の増進」であった。

朝鮮「藩屏」論は二一世紀の今も大きな意味をもっている。だがここでは、その「藩屏」論の正当化のために展開された、朝鮮民族自身の主体性や能力を否定する思想が、今も大衆紙やワイドショーなどで韓国の脆弱性を主張する言説として表れていることだけを指摘しておく。文政権や韓国経済が今にも崩壊するとか、周辺諸国の強い姿勢にさらされて韓国政府がうろたえている、といった類がそれだ。

以上、韓国併合に行きついた韓国・朝鮮認識の歪みを、尊王思想による属国視―進歩主義に基づく劣位視―「藩屏」論による客体視の系譜として見て来た。

こうした観念の系譜のほかに、植民地経験を通じた民衆次元の朝鮮人蔑視の形成を加えることもできる。東学農民戦争の鎮圧から抗日パルチザン掃討に至る植民地戦争に兵士として動員された日本民衆は、武器の水準では劣勢の朝鮮人義兵たちを一方的に殺害して「百発百中、実に愉快を覚へた」（井上勝生『明治日本の植民地支配』）だろうし、村を焼き払う治安戦を通じて、朝鮮人が非人間的に扱って構わない対象であると学んだだろう。また、植民地朝鮮で朝鮮人たちを強圧的に扱うことによって「ああ、こいつらは馬鹿だ。下等だ。こいつらには徹底的やってもいいいんだな」（『聞書水俣民衆史5　植民地は天国だった』）と知ったに違いない。

■一九四五年以降は変化したか

それでは、大日本帝国が解体されて朝鮮が日本の植民地支配から解放された一九四五年以降、朝鮮認識はどう変化し、あるいは変化しなかったのであろうか。

私は、こと韓国・朝鮮への認識に関する限り、一九四五年が一般に思われているほど深い切断線をなしているとは思っていない。そのことは、先の系譜を構成する一つ一つの要素を戦後について吟味してみれば分かることだ。

天皇の地位は新憲法によって「日本国民統合の象徴」となり、記紀神話に基づく天壌無窮の皇統という観念は、制度的には否定された。だが、朝鮮属国視を含む記紀神話やそれに基づく日本の優越性といった幕末以来の観念と「象徴天皇」を切り離せるのかという問いは、神功皇后の存在と共に、単に忘れ去られている。

進歩主義に基づく朝鮮劣位視はどうか。戦後の日本は、敗戦を周辺諸国への侵略の破綻と捉えるのではなく、近代的な組織と装備を備えた米軍に対する敗北と捉えた。その結果、問題は進歩主義の不足と考えられるようになり、日本を破滅に導いた負の要素は、たとえば「封建遺制」「半封建」といった進歩主義の枠組みで総括された。日本の「進歩」そのものを疑う議論は、ごく一部の人を除いては行われなかった（私見ではその重要な一人が竹内好である）。その結果、いわゆる進歩派も含め、韓国・朝鮮に対する進歩主義的な劣位視は無傷のままで続くことになったというのが、私の見方である。

「藩屏」意識はどうだろうか。日韓会談において、日本側の首席代表が「日本は三六年間、禿山を青く変えたとか、鉄道を建設し……多くの利益を韓国人に与えた」と語った久保田発言（一九五三年）に象徴されるように、日本政府は戦後も、「韓国併合条約」と同じ大義名分をもって植民地支配を肯定していた。

さらに重要なのは、冷戦体制下において、韓国が共産主義の侵攻を食い止める「反共軍事基地」となり、日本がその後方基地となったことである。それは日本にとって、韓国が再び日本の「藩屏」に位置付けられることを意味していた。日本の保守勢力は、日本に代わって共産主義の脅威と戦う朴《パク》正熙《チョンヒ》・全斗煥《チョンドゥファン》政権と強く結びつき、これを後押しした。

韓国を反共の「藩屏」とすることで軽武装路線の経済国家となり、高度成長を実現した日本は、韓国や台湾との間で日本を頂点とする分業体制（雁行《がんこう》モデル）を形成し、東アジアの経済発展と技術的高度化を牽引する。大衆文化においても、日本は東アジアの中心だった。

版図こそ小さくなったものの、戦後の日本は引き続き東アジアにおける特権的な存在であり続けたのである。多くの人が戦前と同様、ごく自然に、日本を東アジアにおける進歩の「首魁盟主」と考えていた。こと東アジア認識、韓国認識について言えば、一九四五年は深い切断線ではなかったというのは、このためだ。

おそらく近代一五〇年における日本の最盛期は、一九八〇年代ということになるだろう。世界第二の経済大国となり、アメリカの知識人には「ジャパン・アズ・ナンバーワン」と賞賛され、中国の指導者・鄧小平は来日時、「日本に教えを請うため」に来たと語った。この頃、雁行モデルは中国沿岸まで広がっていった。

当時一〇代であった私も、その雰囲気は覚えている。本稿に関わってくる記憶は、八八年のソウル五輪を前に、テレビでしばしば韓国レポートが組まれていたことだ。通路の両側に露店が並ぶ南大門市場を歩きながら、レポーターが叫ぶ定番の言い回しがあった。「まるで二〇年前の日本ですね！」。

それは、福沢の「三十年前の日本」という朝鮮観となめらかに接合していた。日本の男たちは、「円」の力を武器に買春を目的にソウルに通っていた。彼らには、日本とは異なる民主化の道を苦しみながら歩み始めていた韓国社会の姿は、見えていなかった。

■日本の自画像が揺さぶられた九〇年代以降

一九四五年にも揺るがなかった近代日本人の韓国・朝鮮観、さらには東アジア観が大きく揺さぶられているのが、九〇年代から今に至る時期だと私は考える。

九〇年代初めに、冷戦体制が終焉を迎える。それは新興国が経済的に台頭するグローバル化の始まりでもあった。しかし日本にとっては、東アジアにおけるアメリカの特別な拠点であった時代の終わりだった。このころから日本は長い長い停滞期に入っていく。

一方、韓国にとっては、民主化が進み、国際環境の脱冷戦化によって社会の脱軍事化が進む時代だった。グローバル化のなかで東アジアの雁行モデルは解体し、韓国経済は新興国市場に進出していく。韓国はまた、映画やドラマ、K―POPといった大衆文化においても、オリジナルかつ世界性をもったコンテンツを発信する国となっていく。

こうした日韓を取り巻く状況の変化は、日本の韓国・朝鮮観をこれまでになく揺さぶっている。これこそが、今日の「嫌韓」を規定する歴史性である。

第一に、「進歩主義による劣位視」が無効になったことだ。八〇年代まで、「二〇年前の日本」としてその他者性を否定することができた韓国が、もはや「二〇年前の日本」ではなく、しかも「今の日本」でもなく、日本とは違った「進歩」の道のりをたどった他者として登場する。それは、日本近代を普遍とし朝鮮を特殊とする韓国・朝鮮観を根底で脅かしているのである。

第二に、民主化・脱冷戦化・脱軍事化に伴い、韓国が日本の「藩屏」ではなくなってきたことだ。韓国は反共軍事基地であることをやめ、平和の実現と民族分断の克服という目的に向かって主体的に動くようになった。それは、日本人が信じる日本の「国益」には真正面から反している。

第三に、民主化、脱冷戦、経済発展に伴い、韓国から日本の植民地責任を問う声が大きくなってきたことだ。それは韓国からの「あなたたちの近代こそが、『進歩』どころか『野蛮』だったのではないか」という問いかけでもあり、日本人が信じてきた自国の優位性や正当性を脅かしている。

これらは、ある程度は中国についても言えることだろう。中国の場合は、日本とは全く異なる政治社会モデルを通じて、日本を遥かに凌駕する経済発展を遂げていることの衝撃が大きい。いずれにしろ、こうした事態は、韓国・朝鮮観や東アジア観だけでなく、近代一五〇年の日本人の自画像を深刻に揺さぶっている。

以上のような歴史を踏まえて、二一世紀日本の「嫌韓」言説を分析してみよう。

まず、今日の「嫌韓」言説が、近代日本における韓国・朝鮮認識の反復であるのは明らかである。強いてそれを要素に分解してみせれば、「韓国は異常な国であり、韓国人は感情的で浅はかな人々である」という認識は韓国＝特殊という進歩主義的な韓国劣位視から来るものであり、「韓国は日本に甘えている」「韓国は日本を侮っている」という認識は、「本来は日本の格下の国であるのに、日本側の寛容さにツケ込んで対等に張り合おうとしている」という、語られない前提を隠し持つ属国視である。そして、韓国に進歩派政権ができるとすぐに「赤化統一」への警戒を叫んだり、あるいはその破綻を嘲笑まじりに予言してみせる心性は、「藩屏」視に由来する。

「藩屏」視と「嫌韓」の関係については、もう少し踏み込んで、いくつか事例を挙げて説明してみよう。二〇〇八年、李明博《イミョンバク》大統領がアメリカ産牛肉の輸入再開を強行すると、ＢＳＥ（牛海綿状脳症）への不安から韓国全土で数十万人規模の巨大なキャンドルデモが連日繰り広げられた。このとき日本のネット右翼は口をそろえてこのデモを嘲笑した。李明博も「韓」であり、デモも「韓」であるのに、彼らが嫌った「韓」は一〇〇％、デモの側だった。

一七年に韓国で崔順実《チェスンシル》ゲート問題が持ち上がり、朴槿恵《パククネ》大統領と強い関係を結ぶ崔順実の家族らの不正が次々に明るみに出されると、日本のワイドショーは連日、これを長時間にわたって取り上げた。ところが朴槿恵の弾劾を求めるキャンドルデモが始まると、その途端に報道はパタリと止んだ。

一九年には、ワイドショーは曺国《チョグク》氏の法相就任をめぐる騒動を「タマネギ男」といった嘲笑を交えて連日報道した。ところが、曺国人事を支持する進歩派の集会が数十万人に達しても全くこれを取り上げない一方で、曺国人事に反対する保守派の集会については、大々的に取り上げてみせた。

こうした事例から見えるのは、「嫌韓」と言っても何でも嫌いなのではなく、嫌いな「韓」とそうでない「韓」が明確にあるということである。その基準は、日本の「藩屏」となる「韓」なのか、そうではないのかという点にある。

あるいは徴用工問題などで、韓国側の論理を内在的に理解しようと試みることなく、国際法違反とか異常だとかいった否定に終始するのも、「藩屏」視に由来する。相手国を独自の利害や価値観をもった「他者」として認めたうえで、妥協や工夫を通じて互いに利益となる関係を築くという、他の国との間では当たり前に行っていることが、なぜか韓国が相手だとできなくなるのは、韓国が日本の「藩屏」であり、客体であるべきだからだ。

そもそも、書店に嫌韓本が並び始めたのは、二〇〇三年の盧武鉉《ノムヒョン》政権誕生の前後である。これも決して偶然ではないだろう。

だが、以上のように「嫌韓」言説を近代日本に一貫して存在する韓国認識の反復と見るだけでは、それを捉え切ることはできない。なぜそれが、これほど長く執拗に続くのか、なぜヒステリックで切迫した声音を帯びているのか。それは、「嫌韓」が近代の韓国・朝鮮認識の反復であると同時に、その失効の叫びでもあるからだ。

重要なのは、韓国・朝鮮認識は、日本人にとって単なる隣国への認識ではないということだ。先の韓国認識の系譜を思い出していただければ分かるように、それは常に、日本の自己認識と表裏一体なのである。つまり、これまでの韓国・朝鮮認識が失効しつつあるということは、近代一五〇年の日本の自画像が失効しつつあることを意味している。

指標として一つの例を挙げると、ごく最近まで、「韓国のコンテンツはことごとく日本のパクリ（模倣、剽窃《ひょうせつ》）」という言説がネット上で盛んに語られていた。もちろん、ばかげた主張だが、興味深いのは、この言説の中に日本の自画像の失効ぶりが映し出されていることだ。第一に、「韓国のコンテンツがことごとくパクリ」という認識が、年を追うごとに現実から遊離していることは言うまでもない。映画やK―POPといった大衆文化から情報通信技術、SNSサービスから果てはチーズタッカルビまで、今やイノベーティブなものはほとんど韓国から来ている感さえある。第二に、仮に「韓国のコンテンツがことごとくパクリ」だとしても、なぜ無前提に「日本の」パクリになるのか。なぜ「アメリカのパクリ」「フランスのパクリ」である可能性が無前提に排除されているのか。そこには、日本が雁行モデルの先頭を行く東アジアの「首魁盟主」であり、周辺諸国が皆、日本の文化的影響下にあった三〇年前の世界への固着が隠されている（実はK―POPはアメリカのHIP―HOPカルチャーから直接の影響を受けているし、中国市場を意識した表現も多い。こうしたK―POPのファンは、いまや東アジアを超えて欧米や南米まで広がっている）。

「嫌韓」の切迫さは、つい三〇年前まで日本の優位性、普遍性を証明していた韓国認識／自己認識が、現実から遊離し、失効しつつあることへの焦りを示している。もはやそれは、かつてのそれを反復するようでいて、その劣化コピーにすぎない。数年前、ケント・ギルバートを著者とした『儒教に支配された中国人と韓国人の悲劇』（講談社、二〇一七年）という嫌韓本が大ヒットしたが、福沢諭吉の論説のようなそのタイトルは、まるで近代日本を貫く韓国・朝鮮認識／自己認識のパロディである。そこでは、右翼も進歩派も溶け合っている。

「嫌韓」は、近代日本の歪んだ韓国・朝鮮認識の断末魔であると同時に、日本の自画像の断末魔でもある。だが、断末魔のあがきほど怖いものはない。日本は今、何をしでかすか分からない国になってきている。韓国認識の「眼鏡」を取り替える作業を一日も早く進めるべきだ。そしてそれは、単なる「侵略の反省」といった主観的なものではなく、日本近代の自己認識の再編でなくてはならない。

そこには当然、進歩派も含まれる。たとえば、日本ではついに実現できなかった民主共和制が大韓民国では現実のものとなっていることを、どう捉えるか。なぜそれの意味を真面目に考えずに済んでいるのか。それだけでも、日本思想史（たとえば朱子学の評価）を含む日本中心の進歩主義に立つ歴史認識が失効していることは明らかだ。韓国の他者性を否定することで自画自賛の日本像をつくるのではなく、逆に、現実の他者としての韓国を受け止め、それを鏡として近代日本の自己認識を再編するという作業を行わなくてはならない。それは、一五〇歳の近代日本に引導を渡し、新しい日本を準備する作業の一環となるはずだ。

〈参考文献〉
山中速人「三・一独立運動と日本の新聞」（『新聞学評論』三〇号、一九八一年）
神野志隆光『古事記と日本書紀』（講談社現代新書、一九九九年）
韓桂玉『「征韓論」の系譜』（三一書房、一九九六年）
梶村秀樹『排外主義克服のための朝鮮史』（平凡社ライブラリー、二〇一四年）
井上勝生『明治日本の植民地支配』（岩波現代全書、二〇一三年）

岡本達明・松崎次夫編『聞書水俣民衆史 第5巻 植民地は天国だった』（草風館、一九九〇年）
森山茂徳「明治期日本指導者の韓国認識」『日韓共同研究叢書2』（慶應義塾大学出版、二〇〇一年）

（かとう・なおき／『前衛』二〇一九年一二月号）

内政危機のなかの日清戦争——〈宗主国意識〉の出発点

原田敬一（佛教大学名誉教授）

はじめに

二〇一七年から一八年にかけて、「明治一五〇年」を賛美し、顕彰する政府行事が企画され、それに参加するよう地方自治体への要請も積極的に行われた結果、各地の博物館などでは「明治一五〇年」のロゴマークを付けた展示やイベントが取り組まれた。歴史学研究会・日本史研究会・歴史科学協議会・歴史教育者協議会の四歴史学会は、そうした政府行事を批判し、共同声明を出したほか、『明治一五〇年』を考える」シンポジウムを開き、『創られた明治、創られる明治——「明治150年」が問いかけるもの——』（岩波書店）も刊行した。政府の取り組みはあまり盛り上がらず、各地のイベントなどもそれを継承して何かをするという方向には進んでいない。問題は、政府が歴史を切り取り、国民に寿《ことほ》ぐように強制するところにあった。歴史学界の批判の焦点もそこにあり、「紀元節」復活や「明治百年」顕彰と共通する問題点があった。

二〇一八年から新たに浮上したのが、いわゆる「徴用工」問題である。韓国大法院が、徴用工だった韓国人の補償について認めた。一九六五年に締結された日韓基本条約に伴う四協定のうち、「財産及び請求権に関する問題の解決並びに経済協力に関する日本国と大韓民国との間の協定」は、「日韓請求権並びに経済協力協定」と呼ばれ、一九一〇年韓国併合以降の財産権等の侵害に対する「解決」

を図ったものとされる。この中に「両締約国及びその国民（法人を含む）の財産、権利及び利益並びに両締約国及びその国民の間の請求権に関する問題が（中略）完全かつ最終的に解決されたこととなることを確認する。」とあるので、日本のメディアは、請求権協定で「完全かつ最終的に解決」されたことの蒸し返しだと、韓国批判を大合唱している。しかし、国際法的にも、こうした問題は、国家が外交問題として国民を保護する権利を放棄したものであり、個々の国民の請求権は日韓両国において消滅していないというのが、一九九一年八月二七日参議院予算委員会での柳井俊二外務省条約局長の答弁であり、日本政府の公式見解であった。またこの協定第一条に記された五億ドルの資金供与について、外務省は「韓国の対日請求に対する債務支払の性格を持つ」ものではなく、「あくまで経済協力として行われるもの」であり、「経済協力と請求権問題の解決」の間には「なんら法律的な相互関係は存在しない」（外務省『日韓諸条約について』一九六五年一一月）と説明してきた（太田修『日韓交渉―請求権問題の研究―』クレイン、二〇〇三年三月）。日本のメディアは、こうした歴史を忘却して、韓国の大法院（日本の最高裁にあたる）が、韓国国民の請求権について判断したことを、韓国政府が政治介入すべきだったなどとする。それに同調している日本国民も、目前のことに囚われ、自分を見失っている。この容易な同調主義的状況が生み出される背景に、かつての植民地であった韓国への〈宗主国意識〉や〈アジア蔑視観〉が今でも存在しているのではないだろうか。

その出発点はさまざまに考えられるが、国民が〈アジア蔑視〉をいわば体得した機会としての日清戦争をとりあげたい。日本の最初の対外戦争であり、出兵した兵士が初めて〈アジア〉を体験し、そのことが以後五〇年間の日本の動向に大きな要素となったと考えられるからである。また政権は、かくもやすやすと戦争という大事件に踏み切るのか、という前例ともなった。

一、明治維新後の外交課題

幕末、日本は欧米諸国と通商条約を結び、条約体制・自由貿易体制に取り込まれた。その時、最恵国待遇（爾後の条約において有利な条件が設定された場合、自動的にその条件が適用されること。最初は一八五四年の日米和親条約に規定）・領事裁判権・協定関税制の三点が盛り込まれ、日本にとって不平等条約だとの認識が生まれた。

確かに不平等ではあるが、国際環境からすれば、やむを得ない側面があると指摘したのは、井上勝生・三谷博両氏の研究である。二人の研究によれば、次のように歴史は書き直される。領事裁判権を受け入れなければ、紛争が起きた場合、日本法で裁くことになり、極刑の処置などにより戦争にまで至る可能性も否定できない。その後の攘夷運動による殺傷などを思い浮かべると、それはあり得た。協定関税制は、列強の合意も必要となるので、関税自主権という主権の一部は奪われたことになる。しかし、一八五八年の日米修好通商条約では、必ずしも低率ではなく、かえって列強の側は不満であった。それを一律五％と低率に変えさせたのは、攘夷運動により兵庫開港が遅れたことに原因がある。列国外交団は、兵庫開港を一八六八年一月に遅らせることと引き換えに、改税約書を新たに結ばせ、低率関税を実現させたのである。幕府の側の責任のみを問題にしたのは攘夷運動だった。

しかし、明治維新後の新政府も、一八六九年九月に締結した〈日本・オーストリアハンガリー修好通商条約〉において、これら三条件を盛り込んだ不平等条約を受け容れている。この条約は、開市開港（横浜・兵庫・大坂・新潟）・開市（東京）・オーストリアハンガリー帝国国民の居留地居住権・土地賃借権・居留地での信仰の自由・民事刑事両面での領事裁判権・協定関税・最恵国待遇と、一八五四年以来欧米諸国が日本に押し付けてきた諸条約の内容がすべて盛り込まれ、幕末以来の不平等条約の完成形態となっている。国内産業保護と関税収入確保の両面で不利となることを受け容れつつ、不平等として改定を求めていくことが、明治維新後の一つの政治課題であった。

またこれが、ナショナリズムを形成していくうえでの課題でもあるとの認識も、官民相互に共有されていた。それが後進国における革命・改革にとっての強みでもあり、弱みでもあった。一八七四年一月、板垣退助らが左院に提出した「民撰議院設立建白書」は、納税者がその使途について関与すべきであるという租税協議権を唱えていたことが有名だが、同時に次のように述べて建白書をまとめていることにも注目すべきである。

斯議院ヲ立、天下ノ公論ヲ伸長シ、人民ノ通義権理ヲ立テ、天下ノ元気ヲ鼓舞シ、以テ上下親近シ、君臣相愛シ、我帝国ヲ維持振起シ、幸福安全ヲ保護センコトヲ欲シテ也。

つまり、民撰議院の設立は、天下の公論を伸ばし、人民の権利を確立し、天下の活力を鼓舞することであり、そのことにより、上下の階級がなじみ、君主と臣下が信頼関係になり、日本帝国が維持され、奮い立ち、人民の幸福や安全が保護されることになる、という文意であり、民権の獲得・成長は、国家の維持発展、つまり国権に不可欠であるという認識だった。自由民権運動は、民権と国権が不可分のものとして捉えられ、展開したものであり、その一体という捉え方に依拠すると、板垣退助や後藤象二郎のように、伊藤博文たちの政府と融合する政治路線も可能であり、大阪会議のあと政権に復帰した板垣や、伊藤内閣に入閣し、閣僚となって支える板垣・後藤が現れてくる。

二、民党と藩閥政府――初期議会の闘い

民権と国権が不可分という捉え方は、不平等条約の改正をめぐる問題となってくる。憲法が制定され、議会が開かれ、国家予算の議会承認（大日本帝国憲法上の用語では「協賛」）を得るというのが、欧米諸国の流儀であり、早くそれに追いつかねばならないと考えた日本政府の指導者たちは、第一回帝国議会での国家予算承認を得るのが困難だったという現実に直面した。第一回帝国議会において、衆議院では時間をかけた審議が行われ、衆議院多数派（民党と言われた）による予算歳出額の削減（総額八三三二万円のうち、主に軍事予算の八八八万円）を可決し、政府原案が修正されるかもしれない事態となった。それを衆議院議員の一部の買収と、貴族院多数派の協力（膨大な予算案であるにもかかわらず、実質審議は三月二日から六日までの数日間しかなく、事実上フリーパスだった）で、ようやく成立させたのが一八九一年度予算案だった。しかも、政府と議会は、予算歳出額から六五〇万円削減で妥協しており、第二回帝国議会で、民党が新たな提案をする余地を残していた。展望を失った山縣有朋首相は政権を投げ出してしまう。

その後の経過については、宮内省編『明治天皇紀』第七（吉川弘文館、一九七二年七月）が具体的なので、それによって以下をまとめる（「」での引用は同書から）。

一八九一年四月九日、山縣が辞意を天皇に奏上した際、伊藤博文を後継首相にと推薦し、井上馨を説得役に、とまで提案していた。伊藤はただちに貴族院議長の辞表を提出し（伊藤は自ら参内していない）、「京攝《きようせつ》の間に遊べり」。天皇は、一二日に侍従岩倉具定、一七日には宮内大臣土方久元を、伊

藤（兵庫県の神戸に滞在中）のもとに派遣し、帰京を促し、後継首相案を出せという天皇の意思を伝えさせた。伊藤が土方への返書をまとめたのは一九日。こう書いた。帰京は容易だが、すでに首相辞職のことは世間に知られており、未だ後任が決していない、これを天皇が内閣閣僚に諮詢《しじゅん》しないで、在野の伊藤に後任案を尋ねるのは「立憲の大義に於て果して如何」と後継首相の提案を拒否した。土方宮相は「元勲として奉命せんこと」を求め、それには伊藤も応諾せざるを得なかった。伊藤と黒田清隆（薩摩閥）は、一八八九年一一月一日、大臣の礼の待遇で「元勲優遇の詔勅」を受けていた。具体的に何か規定されていたわけではないが、土方はこのことを持ち出し、伊藤の説得に成功する。それでも伊藤はぐずぐずし、土方が帰京し復命したのは六日後の四月二五日。ついで伊藤も帰京し、ようやく二七日に参内した。

天皇は伊藤に首相になれと直接命じたが、伊藤は「固辞し」た。その理由を伊藤はながながと説明した。日本は、憲法を制定し議会を開くところまで達したが、「今日の状を見るに、民度猶低く、憲法政治を施くこと実に困難なり」と、第一回帝国議会での民党の予算案削減などを「民度猶低く」と一蹴し、このような状態では「何人をして首相たらしむるも、永く其の地位を保つこと能はざらん」と帝国議会の多数派である民党から反対される首相では長続きしないと、議会の力を認めていた。一方で、「臣強ひて其の任に当らば、何時刺客の難に遭ふやも測られざらん、区々の身固《もと》より惜しむに足らずと雖《いえど》も、若し臣が身に不測の変あらば、爾後誰か帝室を輔け、政府を維持せん、将来を慮れば誠に憂慮に堪へざるなり」と暗殺の危険性も指摘し、伊藤が倒れれば誰が天皇家を守り、政府を支えるのか、と述べた。伊藤の自信とともに、危機感をも表明していた。政府の要人であった大久保利通が暗殺されたのは一八七八年（紀尾井坂の変）で、一三年前のことだった。伊藤は西郷従道内務大臣と松方正義大蔵大臣のどちらかを選ぶよう進言し、「優諭数次に及ぶも遂に応ぜず」となった。明治天皇が一度命じただけでなく、何度も命じたが応じなかった伊藤は、長州閥だけが責任を負うのではなく、薩摩閥にも責任を取らせるバランスがあったのだろう。しかし、これは「公議輿論に決す」という五箇条の誓文の文言にも違い、帝国議会の多数派に政権を移すことを徹底的に拒否し、薩長藩閥が政府の中心であるという意思表示でもあった。

結局三日後の三〇日、薩摩閥の重鎮である松方正義蔵相に大命が降下し、松方内閣が発足する。同日、山縣有朋前首相に、黒田・伊藤と同じく、大臣の礼をもって元勲優遇との詔勅が発された。これらの詔勅がのちに「元老」という憲法にも法律にも規定のない、大きな権力を持つ地位の一つの根拠になる（元老となった井上馨・西郷従道・大山巌・西園寺公望には、この詔勅は出されていない。伊藤之雄『元老―近代日本の真の指導者たち―』中公新書、二〇一六年六月）。

帝国議会のうち第一回から第六回までを〈初期議会〉という歴史用語で呼ぶ。政府と民党の衝突があり、それが解消されなかったところから特殊な政治状況を表現する用語である。藩閥政府の側では、予算案を含め政府提案がすんなりと成立しないという実際の困難と将来への危機感、民党の側では、政府提案を修正し成立させることや、政権に就くことの困難さが露わになったのが、第一議会の終わった一八九一年三月の時点だった。

山縣内閣の後継となった松方正義内閣は、同じように衆議院における予算案の査定で七九四万円の削減（総額八三五〇万円、削減分は主に軍艦建造費と製鋼所設立費）となったため、衆議院解散・第二回総選挙に踏み切った。

三、内の目を外に――条約改正問題の登場

一八九一年一二月二五日の衆議院解散後、明治天皇は、侍従長徳大寺実則を派遣して、伊藤に「選挙対策」を二度尋ねさせた。明治天皇は、君臨すれども統治せずの不執政の王ではなく、政治に積極的に関与を続けた王であった（安田浩『天皇の政治史』青木書店、一九九八年。二〇一九年に吉川弘文館から復刊）。この質問にすぐには答えなかった伊藤は、一八九二年一月、山口県から小田原に帰り、派遣された徳大寺侍従長に、おもむろに重大な発言を行った。それは、自ら政党を組織したい、「政党に拠るにあらずんば立憲政治を行ふ能《あた》はず」、大隈重信のように同志を集めることは難しくない、もし天皇が許さなければ、欧州各国に全権委任大使となり「条約改正の事に当らん」、もしくは清国大使か公使となり、「朝鮮国の独立其の他東洋問題を商議」したい、これもだめなら宮内次官に任命してほしい、全てダメなら故郷に帰って余生を送るだけだ、と（『明治天皇紀』第八）。選挙まっ最中の一月二二日、伊藤は参内し、同様の内容を天皇に進言した。天皇は、政党組織化に反対し、条約改正にあたることは賛成した。その後、松方首相や山縣・黒田ら元勲クラスが総出で反対したが、伊藤の翻意を得ることはなかった。薩摩閥の黒田清隆は、総選挙投票日を前にして、「此の難局を済《すく》ふは、解散に次ぐ解散を以てする覚悟あるにあらずんば到底為す能はざる」との書簡を松方首相に送り、激励した。伊藤の政党組織化案と黒田の衆議院解散連続案は、方向は異なるが、政局の困難さと藩閥政府の苦しみを表していた。また伊藤の提案は、①政党組織化、②条約改正、③朝鮮問題と異なった方向性に見え、諸研究でも、①政党組織化のみが注目されているが（確かに超然主義を唱えていた藩閥政

府のトップが、自ら政党を組織するというのは劇的変化である）、これらは総体として、第二議会以降の議会対策として打ち出されたことが重要である。天皇の諮問も「選挙対策」だった。②・③の外交問題が、内政を打開する方策として持ち出されているのは、古臭い、国民の目を外に向けて内の困難を打開する、という策略にほかならない。憲政出発期を困難な中乗り出した藩閥政府が、民意を引き付けて内政を打開する計画のもと打ち出したのが、「次は条約改正だ」や「次は清国との関係調整だ」という外から中を窺《うかが》う方向だった。不平等条約の改正という課題は、明治維新後のものであったが、それを現実政治に登場させたのは、この時だった。

松方内閣は、選挙干渉という荒業をふるうが、一八九二年二月一五日の総選挙では民党が一六三議席（全三〇〇議席）を獲得し、政府の完敗に終わった。衆議院で一八九二年度予算が成立しなかったため、同年度予算は、前年の一八九一年度予算の額・配分で執行することになった（憲法第七一条の規定による）。

総選挙後の第三回議会では、貴族院も松方内閣に反省を求める決議を可決するなど、松方内閣は満身創痍となった。七月三〇日松方首相がついに辞表を提出した翌日、伊藤博文は、いまや「明治政府末路の一戦」であり、「黒幕総揃で入閣」して、民党と闘わねばならないと、盟友井上馨に書簡を送った。

一八九二年八月八日、第二次伊藤博文内閣が発足した。首相伊藤博文（長）・司法相山縣有朋（長）・逓信相黒田清隆（薩）・内務相井上馨（長）・陸相大山巌（薩）・海相仁礼景範（薩）と薩長藩閥の長老クラスを核にした「元勲内閣」とよばれた。しかし、この重鎮の内閣でも、民党の壁は破れなかった。松方内閣の第三議会は九六万円削減（追加予算案二八一万円のうち軍艦製造費）、伊藤内閣の第四議会は二六二万円削減（一八九三年度予算案八三七五万円のうち）と、民党と政府の妥協でしか予算案は成立しなかった。一八九三年度予算案の削減中にも、軍艦建造費二五〇万円を含んでいた。これを突破したのは、明治天皇を持ち出した伊藤博文だった。一八九三年二月一〇日のいわゆる「和衷協同の詔」は、予算案の成立を議会に命じ、内廷費三〇万円を六年間下賜するとともに、その間文武官僚の俸給を一〇％削減し、それらを製艦費に充てるとした。内廷費の使途は帝国議会の権限外だが、文武官僚の俸給は予算案として帝国議会に提出され、その「協賛」を経なければならないのが帝国憲法の規定であり、天皇の詔勅は憲法を逸脱していた。それを求めたのは伊藤内閣であり、そこまで藩閥政府は追い詰められていた。

一八九二年五月、自由党・改進党の共同による〈条約改正に関する上奏案〉が衆議院に上程されたが、議会解散で審議できなかった。翌九三年二月同案が再上程され、一五日衆議院は可決した。その提案理由書には、①治外法権撤去、②税権回復、③沿岸貿易禁止の三か条の改正と、北海道・沖縄県以外の内地雑居認可と土地所有・鉱山鉄道運河ドック造船所の所有権・営業の不許可、特許の条件付き許可と最恵国待遇の双務化、を改正・新規規定の条項として挙げていた。一七日、対等条約を求める上奏文は、星亨《とおる》衆議院議長により天皇に奉呈された。

一八九二年一月に内政打開の方策として外交問題を挙げていた伊藤博文だったが、松方内閣は、同年四月には具体的に取り組み始め、条約改正案調査委員会が設置された（四月五日閣議決定、一二日榎本武揚外相の下で、伊藤枢密院議長・榎本・副島種臣内務相・黒田清隆枢密顧問官・井上毅枢密顧問官・後藤象二郎逓信相・寺島宗則枢密顧問官を委員に任命。松方首相も天皇の命で議論に参加させる）。ただし、四月一三日に第一回会議を開いたのち、第二回会議を開くことなく、内閣更迭となった。

その後いつ外務省が再起動したのかは不明だが、一八九三年七月五日と八日の閣議は、陸奥宗光外相の通商航海条約改正案と進め方を承認した。一九日には、それらが天皇の裁可を受け、日本政府の決定となった。進め方は英独仏三国を先行させ、露仏をあとにする国別談判であり、二五日に青木周蔵駐独公使へ陸奥外相の電報命令が発せられ、交渉は始まった。青木を中心とし、河瀬眞孝駐英公使を補佐させるところにも、青木前外相の交渉力への信頼が表れている（その後、一二月五日、青木が駐英公使を兼任することになった）。

予備交渉が始まったのは九月一八日だったが、第五回帝国議会の一二月一九日、民党六派（いわゆる硬六派）が、国権が弛緩し外国人が跋扈《ばっこ》している現状打破の策として、現行通商条約を励行する建議案を上程し、その説明中、突然議会の一〇日間停会を命じる詔勅が届く。硬六派は一五五議席を占めており、建議案が可決される可能性は高かった。そこに大きな危機感を抱いた陸奥外相は、すでに一一日、現行条約励行建議案などが上程されれば、すぐさま議会の停会を命じ、停会明けも撤回しなければ、議会解散を天皇に奏請すべきだと閣議に提案していたが、紛糾した閣議は、陸奥提案を認めなかった。陸奥は辞任しようとしたが、伊藤首相に短気だと止められた。停会明けの二九日、陸奥外相は、衆議院で条約励行案反対を演説したが、衆議院の容れるわけはなく、建議案の審議に入ろうとしたところ、再び一四日間の停会が命じられた。翌三〇日、伊藤首相が衆議院解散を奏請し、解散詔勅が発せられる。第三回総選挙は一八九四年三月一日に行われ、硬六派は過半数を失ったが、なお一三〇議席を獲得した。

これらの結果を受けて、伊藤内閣では人心を引き付ける課題の提示に腐心するようになる。陸奥外相の三月二七日付青木周蔵駐英公使宛の書簡では、次のように明確に「何か人目を驚かし候程の事業」をなす必要が表明されている（原文はカタカナ交じり）。

例の談判は、老台にあらざれば迚も出来ぬだけの働き（決して御世辞にあらず）を以て歩々御進め下され候事と百も承知なれども、内国の形勢は日一日と切迫し、政府は到底何か人目を驚かし候程の事業を、成敗に拘らすなしつつあることを明言するにあらされば、此の騒擾の人心を挽回すへからず、偖人目を驚かす事業とて故もなきに戦争を起す訳にも不参候事故、唯一の目的は条約改正の一事なり。（中略）内政の関係より強て外交の成功を促し候は、稍本末相違の嫌なきにしもあらされども、時勢か時勢故実に不得已の次第に御座候。

その事業として想定されているのが、青木公使の尽力している条約改正だった。この時は「戦争を起す訳にも不参」と戦争は否定されているが、〈故なき戦争〉と表現されているところに、陸奥の想定が隠されている。二カ月少し後に朝鮮半島への大出兵がなされた歴史を知っている我々は、陸奥が、「何か人目を驚かし候程の事業」として、条約改正とともに、〈故ある戦争〉も同等の選択肢として考えていたと判断しても、大きな誤りではないだろう。いずれにしろ陸奥が、〈本末転倒の嫌い〉はあるにしても〈内政の関係より外交の成功を促す〉ことを戦略としていることに間違いはなく、一八九四年六月に至るまで、条約改正という「外交の成功」で「人目を驚か」し、「内政」を挽回するのが陸奥をはじめ伊藤内閣の戦略だった。ここまで民党の闘いは、藩閥政府を追い込んでいた。

五月一五日からの第六臨時議会でも、民党の攻勢は続いた。三一日衆議院は、自由党が提出した、第五議会解散の責任を問う上奏案を修正のうえ可決し、翌六月一日、楠本正隆衆議院議長が上奏文を天皇に奉呈した。陸奥外相の進めている英国との条約改正交渉は最終段階にはあったが、まだまとまらず、伊藤内閣は、「人目を驚かし候程の事業」を示すこともできなかった。解散戦術も、衆議院から猛反発を受けている。伊藤内閣は前進も後退も出来ない窮地に陥った。これが一八九四年六月二日までの情勢である。

四、内の目を外に――日清戦争への転換

帝国議会解散の決定をするべき六月二日、内閣に朝鮮の漢城から一通の電報が届いた。大鳥圭介公使の一時帰国中、臨時代理公使となった杉村濬《ふかし》から、朝鮮政府が清国政府に軍隊派遣を要請する予定だと聞きこんだ情報だった。その直前、五月二八日到着（二二日発）の第一報では、全羅道・忠清道での「乱民蜂起」と、朝鮮政府は要求を受け入れ、内政改革に踏み切るか、清国の援軍を呼び鎮定するか、のいずれかだと述べて、後者であれば日本も「我官民保護ノ為メ又日清両国ノ権衡ヲ保ツカ為メ」出兵できないかと意見具申していた。同日到着の第二報（五月二三日発の報告）では、東学の勢いが強いので、閔泳駿大臣から清国軍の来援を求める上奏があったが、閣議は認めず中止になったという内容で、清国軍の出兵はないというもので、三〇日か三一日到着の来電（二九日発の電報）でも、「全羅道ノ騒動ハ初メノ如ク重大ナラス」とあった。しかし、二日に届いた電報は事情の激変を告げていた。

全州ハ昨日賊軍ノ占有ニ帰シタリ、袁世凱曰ク朝鮮政府ハ清国ノ援兵ヲ乞ヒタリト

一一日に届いた文書報告（二日付）では、その状況が詳しく説明されている。それによれば、五月

三一日日本公使館を訪れた安寿から援兵請求のことを聞いたので、公使館書記生の鄭を清国館に派し、袁世凱《えんせいがい》から、「朝鮮政府より我政府に向て援兵を請求したるも我政府は之を承諾するや否未可知、尤も自分よりも本件に付総理衙門へ意見上申したれば愈々承諾の上は相当の手続きを経て出兵する事と可相成云々」との回答を得たので、即日電報を送った、と経過をまとめている。「猶ほ其後清国政府出兵承諾の有無は探聞次第電禀可取計と存候」と続いているから、この時点では杉村も清国の出兵可否は知らなかった。つまり天津条約でとりまとめた、朝鮮への出兵の際には、行文知照、文書で相互通告するという条文にそって、両国の出兵となったわけではなく、朝鮮政府が清国へ援兵請求するのはほぼ確実、という情報に基づいて、日本政府は出兵を決定した。

多くの高校教科書に、日清同時出兵のように書かれているのは、これらの事実とそぐわない。清国への行文知照が閣議決定されたのは、出兵作戦が進行し始めた六月五日だった。

六月二日、衆議院の解散を決めるべく召集された閣議は、漢城から届いた一通の電報により、朝鮮への出兵をも決める会議となった。「居留民保護」を名目として八〇〇〇人を超える大部隊が漢城へ派兵され、日清戦争への道を掃き清めた。日清戦争そのものは、大谷正『日清戦争—近代日本初の対外戦争の実像—』(中公新書、二〇一四年六月)や拙著『日清戦争』(吉川弘文館、二〇〇八年八月)などを参照してほしい。本稿では省略する。

五、軍備拡張策の合理化

いったん内の目を外に向け人心収攬の策として条約改正に向かった伊藤内閣だったが、それが朝鮮の農民反乱という予期しない情勢を奇貨として出兵することになった。軍事的準備はできていたのだろうか。

第一回帝国議会で山縣有朋首相が、次のような演説をしたことはよく知られている（一八九〇年一二月六日衆議院本会議、『官報』掲載の議事速記録はカタカナ交じり）。

蓋《けだし》国家独立自衛の道に二途あり、第一に主権線を守禦すること、第二には利益線を保護することである、其の主権線とは国の彊域を謂ひ、利益線とは其の主権線の安危に、密着の関係ある区域を申したのである、凡《およそ》国として主権線、及利益線を保たぬ国は御座りませぬ、方今列国の間に介立して一国の独立を維持するには、独《ひとり》主権線を守禦するのみにては、決して十分とは申されませぬ、必ず亦《また》利益線を保護致さなくてはならぬことと存じます、今果して吾々が申す所の主権線のみに止らずして、其の利益線を保つて一国の完全をなさんとするには、固《もと》より一朝一夕の話のみで之をなし得べきことで御座りませぬ、必ずや寸を積み尺を累ねて、漸次に国力を養ひ其の成績を観ることを力めなければならぬことと存じます、即予算に掲けたるやうに、巨大の金額を割いて、陸海軍の経費に充つるも、亦此の趣意に外ならぬことと存じます、寔に是は止むを得ざる必要の経費である

「国家独立自衛」のためには、国境を意味する「主権線」を守るだけではなく、その外側にある「利益線」を守らねばならぬ。どこの国にもこの二つはあり、守っている。そのためには、「巨大の金額を割いて、陸海軍の経費に充」てる必要があると述べている。憲法の規定でどうしても「協賛」

（憲法第六四条）を得なければならない一八九一年度国家予算案の軍事費を正当化させるためのレトリックが、この「主権線」・「利益線」という捉え方だった。長い間学界でも、あたかも山縣の考案のように思われていたが、実はオーストリアのウィーン大学教授ローレンツ・フォン・シュタインの受け売りだったことが、一七年前に明らかにされた（加藤陽子『戦争の日本近現代史』講談社現代新書、二〇〇二年三月）。山縣の秘書の遺した「斯丁氏意見書千八百八十九年六月於維也納《ウィーン》府」がその記録だった。シュタインは、主権の区域を「権勢彊域」、「権勢彊域の存亡に関する外国の政事及軍事上の景状」を「利益彊域」と呼び、自国に不利な挙動があれば、それを排除するのが利益彊域だと、山縣に教えていた。日本にとってそれは朝鮮だとも指摘したが、そのための戦争や戦争の準備に入れと言ったわけではなかった。朝鮮の中立を求めるべきで、そのためには列国が朝鮮の独立を認める条約を結ぶか、スイス・ベルギー・スエズ運河のような「万国共同会」の管理にするなど、外交手段の重要性を助言している。そうした平和的選択肢も知りながら、シュタインの助言を、「主権線」「利益線」という単純化で、軍備拡張の論理としたのが山縣有朋だった。この考えは、第一回衆議院総選挙の前、一八九〇年三月に完成し、内閣閣僚に回覧され、閣僚の合意事項となったと思われる。これに基づいて、山縣以降の内閣は、陸海軍の軍備拡張の予算案を提案し続ける。

また、さまざまな軍事的整備も進められた。年表的に掲げれば次のようになる（斎藤聖二『日清戦争の軍事戦略』芙蓉書房出版、二〇〇三年一二月）。

一八八八年五月　鎮台制を師団制に改編、全国六個師団に

一八八九年三月　参謀本部条例・海軍参謀部条例公布

七月　艦隊条例公布（常備艦隊を編成）、官営鉄道東海道線全通
九月　山陽鉄道会社の神戸・明石間開通し、東海道線と接続
一八九一年三月　山陽鉄道、神戸・岡山間開通
七月　九州鉄道会社の門司・熊本間開通
九月　日本鉄道会社の上野・青森間全通
一二月　近衛師団司令部条例公布（近衛兵も師団編制に）
一八九三年五月　戦時大本営条例公布（戦時の最高統帥部を規定）
一二月（陸軍）戦時編制の改定
一八九四年四月　山陽鉄道会社の三原・広島間開通（青森・広島間がつながる）

軍備拡張も、天皇の詔勅で民党の軍事費削減策を抑え込ませるなど、憲法の精神からはずれる策略を伊藤内閣が採用して進んでいた。その結果、海軍では日清戦争開戦直前には、軍艦二八隻（五万七六三一トン）・水雷艇二四隻（一四七五トン）など五万九一〇六トンを擁していた。陸軍も、七個師団、戦時編制で一二万三〇四七人、野砲一六八門、山砲七二門を有する東アジア屈指の軍隊に成長していた。

これらの準備（陸海軍省の当初構想では不備な点もあったが、「とりあえず戦争に臨む大枠の準備は整っていた」前掲斎藤）により、周知のように一八九五年四月一七日、日清講和条約（いわゆる下関条約）の調印で、清国の戦争は終わった。日本は、大本営を置き続けたまま、つまり陸海軍は戦時体制を事実上維持し、台湾征服戦争を戦い続けた。戦時大本営が廃止されるのは、一八九六年四月一日であ

る。

初めての本格的な対外戦争を体験した日本は、その後どこへ向かうのだろうか。

山縣有朋は、日清戦争の終盤、下関条約調印の二日前の四月一五日、明治天皇に「軍備拡充意見書」を提出した。そこでは日清戦争開戦前の東アジアの軍事情勢を振り返り、清国が日本を攻める力はなく、その侵攻力があるのはイギリスだけであり、また日本の軍備は防衛するのに十分な域に達していたと述べている（原文カタカナ交じり）。

> 当時隣邦中我れに対して一軍団の兵員を輸送するに足るの船舶を具へたる者は只一英国あるのみ、而して東洋の大勢は英国か印度・香港より一軍団の兵を分つて之を他に派遣することを許さざる者あり、加ふるに我れは海岸の防禦稍々其の緒に就きたるのみならす、鉄道汽船の便亦大に其の面目を改め、東西呼応大に其の運動を敏活にすることを得たるを以て、若し一方面に備ふるに一師団の兵力を以てすれは縦令《たと》ひ不意の侵襲に逢ふも亦決して狼狽するを用ゐす、従て暫く軍団の編制を猶予することを得さりしに非さるなり、且つ夫れ此の改革によりて各種の機関を具足したるか如き戦略上の運用を敏活にしたるか如き教育を高尚にしたるか如き技術を精錬にしたるか如き経理の順序を整頓したるか如き武器装具を充実したるか如き、之を要するに陸軍軍制上の一大進歩なりと云はさる可からす、当時若し此の改革なかりせは今回の戦争の如き恐らくは亦始めより之を企つること能はさりしなり

先に年表的に挙げたことごとくが、山縣のいう「陸軍軍制上の一大進歩」であり、そこには陸軍軍

制だけでなく、鉄道や汽船、教育や技術、経理事務などさまざまなものの改革や充実が含まれていた。維新後の近代化政策が、戦争を予定して進められたわけではないが、教育や衛生、技術などさまざまなものが戦争遂行に利用されるのも一つの事実である。

さらに、山縣は、日清戦争終了というこの時点で、さらなる軍備拡張を求め、その同意を天皇に求めていた。それは、四年前に帝国議会で首相として示した「主権線」と「利益線」の構想が拡大されての説明だった。

今後一たひ平和の復するに至らは則ち復た現在の兵備を以て満足する能はさるや明かなり、思ふに我か国は今回の戦争によりて新領地を海外に収得するなるへし、果して然らは之を守備するか為めに已に兵備の拡張を要するものあり、況んや連捷の勢に乗し投して径《ただ》ちに東洋の盟主と為らんと欲するに於てをや、且つ夫れ今後清国か復讐の念を養ひ奮ふて軍備の整頓を企つるは必然の勢にして、露英仏は勿論其の他の強国と雖とも苟《いやし》くも利害を東洋に有する者は亦悉《ことごと》く其の政策を一変し、其の東洋に於けるの兵力を増加すへきや必せり、而して今や西伯利亜《シベリア》の鉄道漸次其の工を進め其の落成将《まさ》に数年の中に在らんとす、豈に戒心せさる可けんや、

山縣の説明は、いっそう侵略主義的になっていった。戦争に勝ったので軍備はいまのままでいいかというとそうではない、新領土を獲得すれば守備隊がいる、清国に連勝して「東洋の盟主」になろうとしているのでさらなる軍備拡大が必要である、敗けた清国の復讐戦争もあるかもしれない、露英仏はもちろんその他の列国も東洋の軍備を必ず増加するだろう、さらにロシアが建設中のシベリア鉄道

の完成も近い、警戒しなければいけない、という論理は、すべての事柄を軍備拡張策に注ぎ込もうとする山縣の勢いを示している。文章は続いて、「夫れ兵備を増加すれは従つて国費を増加するは勢の免れさる所なり」と軍備拡張策と国家財政の矛盾を指摘する。その矛盾はこう解決される。「豈《あ》に亦費用の大小租税の軽重を論するに暇《いとま》あらんや」と、軍事費の大小や租税負担の軽重を論じる暇はない、と軍備拡張策が優先される。そして「利益線」はさらに外へ拡大していく。

> 抑《そもそも》従来の軍備は専ら主権線の維持を以て本としたるものなり、然れとも今回の戦勝をして其の効を空ふせしめす進んで東洋の盟主とならんと欲せは必すや又利益線の開張を計らさる可からさるなり、然り而して現在の兵備は以て今後の主権線を維持するに足らす、何そ又其の利益線を開張して以て東洋に覇たるに足る可けんや

日清戦争の戦勝を無駄にしないためには「東洋の盟主」とならねばならず、それには「利益線の開張」が必然であるという論理で、山縣の軍備拡張策は肥大化していく。このことは政府の受け容れるところとなり、一つの戦争が次の戦争を準備していく。日露戦争である。これも自衛戦争ではなかった。「東洋の盟主」としての地位を逃さないための戦争であり、アジア進出をうかがうロシアとの帝国主義戦争だった。

むすびにかえて

「この日―五月三十日まで、本気で日清戦争を考えた者は、世界中にたれ一人いなかったのであ

る。」と断言したのは、服部之総《はっとりしそう》だった（「「大日本帝国主義」政治史についての覚え書（その二）」、『服部之総著作集』第七巻、理論社、一九五五年一一月。初出は『世界評論』一九四九年五月号）。服部は、「それはすべての絶対主義権力が、その政治的危機に当って決意し、実行し、あるいは失敗し、あるいは成功したような、『公式』どおりの『絶対主義的侵略主義』の見本であった。」と、日清戦争に踏み切った伊藤政権を位置づけた。本稿は、「政治的危機」の乗り切りの一方策としての日清戦争開戦を位置づけている点で、大枠でこの先行研究を支持していることになる。政治史の記述としてはそこで終わるが、もう少し先まで考えてみたい。

政治的危機を乗り切る方策として戦争を選ぶのは、政権であっても、それに命を懸けることになるのは、兵士や軍人であり、軍夫であった。また戦争を避けられなかった清国の兵士や軍人であり、巻きこまれた清国民衆だった。初期の戦場が朝鮮であったため、朝鮮の民衆も巻き込まれ、さらに台湾の民衆も抵抗し、惨禍の中に置かれる。戦争を選択するということは、失われなくてもよかったはずの多くの命がなくなることである。そのことに想像力を持たなかった政権担当者や軍事指導者たちは、戦争後には叙勲され、華族となり、栄達の道を歩む。一般国民は、しだいにそのことを承認し、彼らや彼らの子弟たちを同じ道を歩ませるようになる。それが帝国の国民の在りようとなった時、人々は、自国以外の人々を蔑視観で捉えるようになる。

私たちはそうした負の歴史から自由になったかどうか、考え続けなければならない。

（はらだ・けいいち／『前衛』二〇二〇年一月号）

〈執筆者紹介〉掲載順

内海　愛子（うつみ　あいこ）

1941年生まれ。恵泉女学園大学名誉教授。著書『日本軍の捕虜政策』（青木書店、2005年）、『朝鮮人BC級戦犯の記録』（勁草書房、1982年）、のちに（岩波現代文庫、2015年）

川上　詩朗（かわかみ　しろう）

1958年生まれ。東京弁護士会所属。共著『平頂山事件資料集』（柏書房、2012年）

吉澤　文寿（よしざわ　ふみとし）

1969年生まれ。新潟国際情報大学教授。著書『日韓会談1965』（高文研、2015年）、『［新装新版］戦後日韓関係　国交正常化交渉をめぐって』（クレイン、2015年）

太田　修（おおた　おさむ）

1963年生まれ。同志社大学教授。著書『［新装新版］日韓交渉　請求権問題の研究』（クレイン、2015年）、『朝鮮近現代史を歩く―京都からソウルへ』（思文閣出版、2009年）

加藤　圭木（かとう　けいき）

1983年生まれ。一橋大学准教授。著書『植民地期朝鮮の地域変容―日本の大陸進出と咸鏡北道』（吉川弘文館、2017年）、共著『だれが日韓「対立」をつくったのか―徴用工、「慰安婦」、そしてメディア』（大月書店、2019年）

殿平　善彦（とのひら　よしひこ）

1945年生まれ。浄土真宗本願寺派一乗寺住職、NPO法人東アジア市民ネットワーク代表。著書『遺骨―語りかける命の痕跡』（かもがわ出版、2013年）

本庄　十喜（ほんじょう　とき）

1980年生まれ。北海道教育大学准教授。共著『陸軍登戸研究所〈秘密戦〉の世界』（明治大学出版会、2012年）、『隣国の肖像－日韓相互認識の歴史』（大月書店、2016年）

愼　蒼宇（しん　ちゃんう）

1970年生まれ。法政大学教授。著書『植民地朝鮮の警察と民衆世界―「近代」と「伝統」をめぐる政治文化 1894-1919 』（有志舎、2008年）

佐藤　広美（さとう　ひろみ）

1954年生まれ。東京家政学院大学教授。著書『総力戦体制と教育科学』（大月書店、1997年）、『「誇示」する教科書――歴史と道徳をめぐって』（新日本出版社、2019年）

加藤　直樹（かとう　なおき）

1967年生まれ。著書『九月、東京の路上で―1923年関東大震災 ジェノサイドの残響』（2014年）、『トリック「朝鮮人虐殺」をなかったことにしたい人たち』（ころから、2019年）

原田　敬一（はらだ　けいいち）

1948年生まれ。佛教大学名誉教授。著書『日清・日露戦争』（岩波書店、2007年）、『「坂の上の雲」と日本近現代史』（新日本出版社、2011年）

＊本書収録にあたって雑誌掲載論文に加筆・修正しました。

日韓《につかん》の歴史問題《れきしもんだい》をどう読《よ》み解《と》くか――徴用工《ちょうようこう》・日本軍《にほんぐん》「慰安婦《いあんふ》」・植民地支配《しょくみんちしはい》

2020年 6月30日　初　版

著　者　内海愛子
発行者　田所　稔

郵便番号　151-0051　東京都渋谷区千駄ヶ谷 4-25-6
発行所　株式会社　新日本出版社
電話　03（3423）8402（営業）
03（3423）9323（編集）
info@shinnihon-net.co.jp
www.shinnihon-net.co.jp
振替番号　00130-0-13681
印刷・製本　光陽メディア

落丁・乱丁がありましたらおとりかえいたします。

ISBN978-4-406-06481-1 C0031　Printed in Japan